DAS MOSAIK
VON OTRANTO

DARSTELLUNG
DEUTUNG UND BILDDOKUMENTATION

VON

WALTER HAUG

DR. LUDWIG REICHERT VERLAG

WIESBADEN

CIP-KURZTITELAUFNAHME DER DEUTSCHEN BIBLIOTHEK

HAUG, WALTER

DAS MOSAIK VON OTRANTO :

DARST., DEUTUNG U. BILDDOKUMENTATION. –

1. AUFL. – WIESBADEN : REICHERT, 1977.

ISBN 3-920153-73-1

© 1977 DR. LUDWIG REICHERT VERLAG WIESBADEN

© FOTOS: FACHKLASSE FÜR FOTOGRAFIE,

KUNSTGEWERBESCHULE DER STADT ZÜRICH

ALLE RECHTE VORBEHALTEN · PRINTED IN GERMANY

SATZ UND DRUCK OFFIZIN CHR. SCHEUFELE STUTTGART

INHALT

C. GESAMTINTERPRETATION

EINLEITUNG

Otranto, am östlichsten Punkt Apuliens gelegen, war ein Umschlagplatz zwischen Ost und West: als Einfallstor nach Italien vom östlichen Mittelmeer her wie als Ausgangspunkt für westliche Vorstöße nach Griechenland und zur Levante von kultureller wie strategischer Bedeutung. Hier schiffte Robert Guiskard 1081 sein Heer zum Griechenlandfeldzug ein, und von hier aus fuhr 1228 die Kreuzfahrerflotte Friedrichs II. über Zypern ins Heilige Land. Andererseits liegt Otranto/Hydruntum in altem griechischem Kolonialgebiet, und es war byzantinisch, bis es mit den letzten apulischen Stützpunkten in den 60er Jahren des 11. Jahrhunderts an die Normannen fiel. Im 4. Jahrhundert hatten basilianische Mönche in Otranto ein Kloster gegründet: San Nicola di Casole, das mit seiner reichen Bibliothek bis ins 14. Jahrhundert ein kulturelles Zentrum blieb. Die Kathedrale wurde unter den Normannenherzögen Robert Guiskard und Boemund gebaut. In der Architektur, in der Plastik und in dem später – 1163/65 – geschaffenen Fußbodenmosaik spiegelt sich das für das damalige Süditalien charakteristische Zusammenspiel der Kulturen: es haben römisch-antike, griechisch-byzantinische, langobardisch-germanische, französisch-normannische sowie orientalische Traditionen ihren Einfluß ausgeübt.
Das Mosaik von Otranto ist ein einzigartiges Denkmal. Es gab zwar eine Reihe paralleler Mosaiken in Süditalien aus derselben Zeit – in Trani, Brindisi, Lecce, Tarent –, und sie gehörten vermutlich zum selben Werkstattverband, aber sie

sind bis auf geringe Reste zerstört.[1] Um so größeres Interesse hätte das Mosaik von Otranto beanspruchen können. Wenn man ihm jedoch von wissenschaftlicher Seite nicht die verdiente Beachtung geschenkt hat, so dürfte dies nicht zuletzt am Unverständnis der älteren Kunsthistoriker liegen, die sich mit ihm beschäftigt haben: EMILE BERTAUX, dem wir kurz nach der Jahrhundertwende die erste zureichende Beschreibung des Mosaiks verdanken, hat zugleich ein vernichtendes Urteil abgegeben; er sagte: der Boden der Kathedrale sei »mit einem bizarren und in völliger Unordnung hingeworfenen Gewirr von Figuren bedeckt«.[2] Man hat diesem Verdikt zwar widersprochen – C. A. GARUFI sieht schon 1906/7 in dem Mosaik einen Spiegel der mittelalterlichen Welt, einen symbolischen Kosmos[3] –, doch solche Vorstöße finden kaum Widerhall. So sind denn in den nächsten 50 Jahren nur wenige einschlägige Arbeiten zu verzeichnen, die zudem schwer zugänglich sind.[4] Die Wende erfolgte in den 60er Jahren, wobei Monsignore GRAZIO GIANFREDA zweifellos das Verdienst zukommt, in immer neuen Publikationen auf die Bedeutung des Mosaiks aufmerksam gemacht zu haben. Leider blieb bei diesen Bemühungen die wissenschaftliche Methodik hinter dem Eifer und der interpretatorischen Phantasie zurück. Ein großer Teil seiner Deutungen ist beliebig oder völlig aus der Luft gegriffen, wobei die Anlehnung an Figuren und Motive in Dantes ›Divina Commedia‹ eine sehr merkwürdige Rolle spielt.[5] Durch den Nachdruck, mit dem GIANFREDA seine Vorstellungen vertritt, beginnen sie jedoch inzwischen ihre Wirkung zu tun – sie haben selbst in Arbeiten renommierter Forscher Eingang gefunden.

Die eigentliche wissenschaftliche Erschließung des Mosaiks setzt mit den Untersuchungen von CHIARA SETTIS FRUGONI ein.[6] Hier wird nicht nur die Breite und Vielschichtigkeit mittelalterlicher Bildsymbolik berücksichtigt, sondern zugleich versucht, von der Beliebigkeit isolierender Motivinterpretation wegzukommen und Sinnzusammenhänge aufzudecken. In meinem Otranto-Aufsatz von 1975 habe ich dann dezidiert die Frage nach dem Gesamtprogramm gestellt. Dieser erste Versuch mußte notwendigerweise vorläufigen Charakter haben. Nach der Klärung weiterer Einzelheiten kann hier nun eine eingehendere und differenziertere Studie, versehen mit reicherem Bildmaterial, vorgelegt werden.[7]

Die nachfolgende Darstellung ist so konzipiert, daß sie in einem ersten Teil als Führer durch die Bildwelt des Mosaiks dienen kann: hier werden die einzelnen Motive beschrieben und ihr Bedeutungsspielraum in einem ersten Ausgreifen ikonographisch und literarisch abgesteckt. Der zweite Teil bringt als Einführung in die Problematik der Interpretation zunächst eine Reihe grundsätzlicher methodischer Überlegungen. Auf ihrer Basis wird dann eine Zusammenschau versucht und schließlich die zentrale Frage angegangen, inwieweit man mit einem durchformulierten Bildprogramm rechnen darf.

A DIE INSCHRIFTEN:
AUFTRAGGEBER – KÜNSTLER –
HISTORISCHE SITUATION

Das Mosaik enthält eine Reihe von Inschriften, die über Entstehungszeit, Auftraggeber und Künstler Aufschluß geben. Unmittelbar an der Schwelle des Eingangsportals findet sich ein Schriftblock, der aus zwei Hexametern besteht *(Abb. 1)*:

EX IONATH[E] DONIS PER DEXTERAM PANTALEONIS
HOC OPUS INSIGNE EST SUPERANS IMPENDIA DIGNE

Ionathas gab die Geldmittel, und Pantaleon hat mit geschickter Hand dieses hervorragende, würdige Werk, das den Einsatz mehr als rechtfertigt, zustande gebracht.

Etwa in halber Höhe des Mittelschiffs laufen zwei Schriftbänder über die ganze Breite des Mosaiks. Sie begrenzen die Geschichte von Noahs Arche *(Abb. 5)*.

Das obere Band:

ANNO AB INCARNATIO[N]E D[OMI]NI N[OST]RI IH[ES]U CHR[IST]I MCLXV I[N]DICTIO[N]E XIIII REGNANTE D[OMI]NO N[OST]RO W[ILLELMO] REGE MAGNIF[ICO]

Das untere Band:

HUMILIS SERVUS CH[RIST]I IONATHAS HYDRUNTIN[US] ARCHIEP[ISCOPU]S IUSSIT HOC OP[US] FIERI P[ER] MANUS PANTALEONIS P[RES]B[YTE]RI

Im Jahre 1165 nach der Menschwerdung unseres Herrn Jesu Christi, in der 14. Indiktion, unter der Regierung unseres Herrn, des mächtigen Königs Wilhelm, hat der demütige

Diener Christi Ionathas, Erzbischof von Otranto, dieses Werk durch den Presbyter Pantaleon ausführen lassen.

Über der Vierung ist ein weiterer horizontal durchlaufender Schriftbalken angebracht *(Abb. 12/13)*:

[ANNO AB IN]CARNATIO[N]E D[OMI]NI NOS[T]RI IH[ES]U CH[RIST]I MCLXIII I[N]DIC[TIONE] XI REGN[ANTE] FELICIT[ER] D[OMI]NO N[OSTR]O W[ILLELMO] REGE MAGNIFICO ET T[R]IU[M]FATORE HUMILIS SE[RVUS CHRISTI] IONAT[HAS]

Im Jahre 1163 nach der Menschwerdung unseres Herrn Jesu Christi, in der 11. Indiktion, unter der glücklichen Regierung unseres Herrn, des mächtigen Königs und Triumphators Wilhelm – der demütige Diener Christi Ionathas.

Schließlich gibt es Inschriften in zwei der Medaillons in der Vierung. Im Ring des Salomo-Medaillons steht zu lesen *(Abb. 15)*:

IONATHAS HUMILIS SERVUS CHR[IST]I IDRONTIN[US] ARCHIEP[ISCOPU]S IUSSIT HOC OP[US] FIERI

Ionathas, der demütige Diener Christi, Erzbischof von Otranto, hat dieses Werk ausführen lassen.

Hier ist also das verkürzt wiederholt, was in dem Inschriftbalken unter der Noahgeschichte erscheint.

Die Inschrift des Drachen-Medaillons ist nur teilweise zu entziffern *(Abb. 12/13)*:

HOC OP[US] INSIGN … LEX FIDIQ[UE] BENIGNE …

Die ersten Worte nehmen offensichtlich die Inschrift am Eingang wieder auf, der Rest ist verstümmelt.[8]

Der Auftraggeber des Werkes ist also Ionathas, der Erzbischof von Otranto. Er hat einem Presbyter namens Pantaleon befohlen, das Mosaik auszuführen. Es werden zwei Daten gegeben, und zwar auf dem Schriftbalken über dem Noahzyklus das Jahr 1165, in der 14. Indiktion, unter der Regierung König Wilhelms. Über der Vierung das Jahr 1163 in der 11. Indiktion. Die Indiktionen folgen dem griechischen Brauch und stimmen nicht mit den Kalenderjahren überein; es wird von September bis August gerechnet. Die elfte Indiktion des Jahres 1163 deckt die Zeit zwischen Januar und August 1163. Die 14. Indiktion des Jahres 1165 die Zeit zwischen September und Dezember 1165.[9] Dem darf man zumindest entnehmen, daß im ersten Zeitraum am Vierungsmosaik, im zweiten am Mittelschiffmosaik gearbeitet wurde; möglicherweise stehen die beiden Daten für den Beginn bzw. den Abschluß der Arbeit.

Die verschiedenen Inschriften sind offenbar wohlüberlegt gegeneinander abgestuft. An der bescheidensten Stelle beim Eingang, d. h. an dem vom Altar am weitesten entfernten Punkt, hat sich der Künstler ein Denkmal gesetzt, nicht ohne ein gewisses Selbstbewußtsein, aber auch nicht ohne zu erwähnen, wem es zu verdanken ist, daß die Arbeit durchgeführt werden konnte.

Die Inschrift im Zentrum des Mittelschiffes gilt dem Auftraggeber, dem Erzbischof Ionathas. Er stellt sich mit einer Demutsformel vor: HUMILIS SERVUS CHRISTI – *der demütige Diener Christi*. Dann führt er den Mann und dessen Position an, dem er den Auftrag gegeben hat; und indem er sein Werk datiert, nennt er zugleich seinen König und Herrn. Die Inschrift des Mittelschiffes faßt also sämtliche personalen Bezüge des Werkes von Ionathas aus zusammen: der Erzbischof, untergeordnet unter Christus und König Wilhelm, erscheint als Auftraggeber gegenüber dem Presbyter Pantaleon.

Die Inschrift über der Vierung stellt mit einer nochmaligen Datierung Christus und vor allem den König in den Vordergrund. Wilhelm wird hier am reichsten mit Attributen bedacht, und im weiteren ist dann nur noch die Demutsformel HUMILIS SERVUS CHRISTI IONATHAS gleichsam als Signatur hinzugefügt.

Bemerkenswert ist, daß Ionathas die Auftragsinschrift im Salomon-Medaillon nochmals hat anbringen lassen. Zusammen mit der Inschrift über der Vierung ergibt sich fast der Text der Schriftbalken des Mittelschiffs, nur der Künstlername fehlt. Falls er in der verstümmelten Inschrift des Drachen-Medaillons gestanden haben sollte, deren erste Worte zumindest die Künstlerinschrift zitieren, so würden die Inschriften der Vierung die ganze Reihe in verkürzter Form wiederholen.

Da die beiden Daten 1163 und 1165 wohl darauf hindeuten, daß das Mittelschiffmosaik nach dem Vierungsmosaik entstanden ist, könnte es sich anbieten, die Inschriften in umgekehrter Reihenfolge zu lesen. Den Anfang machte dann die Inschrift mit dem König in gewichtiger Position unmittelbar vor dem Altar; das Ende bildete die Künstlerinschrift am Eingang der Kathedrale. Doch spielt die Leserichtung im Prinzip keine Rolle, die Reihenfolge orientiert sich auf- oder absteigend am Altar über der Vierung.

Über die Lebensumstände des Erzbischofs Ionathas von Otranto ist wenig bekannt. Abgesehen von unserer Inschrift ist er nur als Teilnehmer am Laterankonzil von 1179 bezeugt.[10] Von Pantaleon wissen wir weiter nichts.

14

Bei König Wilhelm handelt es sich um Wilhelm I. von Sizilien. Er übernimmt 1154 das süditalienisch-sizilische Normannenreich von seinem Vater, Roger II.; er stirbt 1166.

Die politische Konstellation zu seiner Regierungszeit ist jene, die das Reich seit seiner Entstehung bestimmte. Sie ist gekennzeichnet durch die Frontstellung gegenüber Byzanz und den Arabern, denen man das Territorium abgerungen hatte, durch die Auseinandersetzung mit dem Papst, an dessen Gebiet das Reich nördlich angrenzte, und durch die inneren Schwierigkeiten mit den normannischen Großen, insbesondere in Apulien. Die Situation läßt sich – in aller Kürze – durch folgende historische Daten charakterisieren:[11]

Roger II. hatte beim kirchlichen Schisma Anaclet II. unterstützt und war von diesem 1130 als König von Sizilien, Apulien und Calabrien anerkannt worden. Der Gegenpapst, Innozenz II., versuchte mit Hilfe von Bernhard von Clairvaux eine europäische Koalition mit dem deutschen Kaiser und Byzanz gegen Roger zustande zu bringen. 1137 erscheint denn auch Lothar III. in Süditalien und stößt nach Apulien vor. Doch nach seinem Abzug erobert Roger die verlorenen Gebiete schnell zurück. Nach dem Tod Anaclets im selben Jahr lehnt Innozenz Rogers Bemühungen um einen Vergleich ab. 1139 geht er mit Waffengewalt gegen den König vor. Er wird aber besiegt und ist gezwungen, Roger anzuerkennen. Auch das Verhältnis zu Innozenz' Nachfolgern auf dem Stuhl Petri bleibt kühl bis feindselig. Als Wilhelm I. den Thron besteigt, versucht Papst Hadrian IV. den sizilischen Adel gegen ihn aufzuwiegeln; ohne Erfolg. Er muß Wilhelm schließlich anerkennen, da die von Friedrich Barbarossa erwartete Hilfe ausbleibt. Bei der Papstwahl im Jahre 1159 setzt die sizilische Partei ihren Kandidaten durch. Der neue Papst, Alexander III., kann zwar gegen Barbarossa mit der Unterstützung Wilhelms rechnen, aber die Lage wird für ihn so gefährlich, daß er nach Frankreich fliehen muß.

In dieser Auseinandersetzung mit dem Papsttum hat die normannische Kirche insbesondere auf Sizilien große Eigenständigkeit erlangt. Die Kirche war zwar lateinisch, aber der Einfluß des Papstes blieb gering. Die normannischen Könige setzten nach eigenem Ermessen die Bischöfe ein. Im übrigen übten sie große religiöse Toleranz.[12]

Byzanz war unter Roger II. keine ernst zu nehmende Bedrohung mehr für den jungen Normannenstaat. Die letzten griechischen Stützpunkte in Unteritalien waren in der Mitte des 11. Jahrhunderts von Robert Guiskard erobert worden. Doch Byzanz blieb eine latente Gefahr, insbesondere, wenn die gemeinsamen antinormannischen Interessen es mit dem deutschen Kaiser und mit dem Papst zusammengehen ließen. 1147 und 1149 unternimmt Roger Plünderungszüge entlang den griechischen Küsten. Zur Zeit Wilhelms I. macht Byzanz nochmals einen Versuch, sich in Apulien wieder festzusetzen. 1151 fällt Bari, aber es gelingt Wilhelm, die Byzantiner 1156 vernichtend zu schlagen. 1158 kommt ein Frieden mit dem byzantinischen Kaiser zustande.

Sizilien war von Roger I. vollständig den Arabern abgenommen worden. Roger II. versuchte dann in Afrika selbst Fuß zu fassen, doch gingen diese Gebiete unter Wilhelm I. wieder verloren.

Innenpolitisch hatte Roger II. das Reich – nicht ohne Brutalität – befriedet. 1139 war der letzte apulische Aufstand erstickt worden. Der König konnte nun die innere Organisation in Angriff nehmen. Auf griechischem Recht und arabischer Verwaltungskunst aufbauend, schuf er ein Gesetzeswerk, das

16

seinen Staat zum modernsten Europas machte. Wilhelm I. zehrte während seiner kurzen Regierungszeit von diesem Erbe. Der Beamtenapparat seines Vaters gewährleistete eine ungebrochene Kontinuität.[13]

Das Mosaik von Otranto entsteht in den letzten Jahren der Regierung Wilhelms I. Es ist eine Zeit relativen politischen Friedens. Der von Wilhelm gestützte Papst Alexander III. ist davon in Anspruch genommen, sich gegen seine Konkurrenten Viktor IV. und Paschalis III. zu behaupten. Die Byzantiner sind geschlagen. Innenpolitisch herrscht Ruhe. Die Fronten bleiben zwar latent die traditionellen, aber Herrschaft und Autorität des sizilischen Königs sind unangefochten. Das gilt auch in der Kirche seines Reiches.

In den Inschriften von Otranto stellt sich der Erzbischof unter Christus und unter seinen König. In der Inschrift vor dem Altar, die das meiste Gewicht besitzt, werden die Epitheta Wilhelms in ganzer Breite aufgeführt, während Ionathas hier am stärksten zurücktritt. Die Datierung bietet sich also als eine Form an, über die das Königtum des normannischen Herrschers in seiner Größe akzentuiert und zugleich als in die christliche Ordnung gebunden dargestellt werden kann. Dabei bewegt man sich durchaus im Rahmen amtlicher Formelhaftigkeit;[14] Besonderes artikuliert sich allein in Nüancen der Abfolge und Anordnung.

B BESCHREIBUNG DES MOSAIKS: DIE IKONOGRAPHISCHEN UND LITERARISCHEN MOTIVE

Das Mosaik in der Kathedrale von Otranto erstreckt sich in einer Länge von 58 und in einer Breite von 28 Metern über den Fußboden des Mittelschiffs, der Vierung, der Apsis und einen Teil der beiden Seitenschiffe. Die einzelnen Abschnitte stellen mehr oder weniger geschlossene ikonographische Komplexe dar. Sie sollen zunächst für sich betrachtet werden. Es wird anschließend zu fragen sein, ob sie in einer thematischen Beziehung zueinander stehen.

I DAS MITTELSCHIFFMOSAIK

1. Der Mittelbaum und die Gliederung der Fläche (Falttafel am Ende des Buches)

Wenn man die Kathedrale betritt, fällt der Blick auf einen Baum, der in der Mitte des Kirchenschiffes bis zur Vierung vorgezogen ist. Er unterteilt das Mittelschiff in zwei Felder. Diese Längsteilung ist für die Bildanordnung jedoch nur in der unteren Hälfte maßgebend; von den waagerecht durchlaufenden Inschriftbändern in der Mitte an erscheint die Bildfolge horizontal geordnet, ja es wird der Baum durch die Medaillons und die Szenen an der Spitze dezidiert überschnitten und überspielt.

Die Äste des Baumes greifen nach beiden Seiten in die Fülle der Figuren hinein; sie sind nur dürftig mit Blättern besetzt, die überwiegend dreilappig sind. Dazwischen gibt es kelchförmige Blüten und teils kleine kugelige und teils keulen- oder geigenkastenförmige Früchte. Es dürfte vergebliche Mühe sein, diesen Baum botanisch eindeutig bestimmen zu wollen. Am ehesten wäre noch an einen Feigenbaum zu denken.

Am Fuß des Baumes stehen, voneinander abgewandt, zwei Elefanten *(Abb. 1)*. Die oberen Gelenkstellen der Vorderbeine sind mit Kreisen markiert – ein Motiv, das eine lange, vor allem orientalische Tradition besitzt. Ursprünglich wohl apotropäisch gedacht, ist es zu einem rein dekorativen Element geworden.[15] Unter dem linken Elefanten ein kleines Tier, das sitzend Kopf und Vorderpfoten emporhebt, vielleicht eine Maus.[16] Über dem Kopf dieses Elefanten ein weiteres Tier, vermutlich eine Katze. Sie trägt Schuhe an zwei ihrer Füße und gehört damit in die Reihe jener spielenden Tiere, die uns dann vor allem zwischen den Monats-Medaillons und den Medaillons des Vierungsmosaiks begegnen werden.

2. Untere Hälfte des Mittelschiffs, linkes Feld
   (Abb. 1–3)

Vom Wurzelballen des Baumes geht links und rechts je ein großer Ast aus. Unter dem linken Ast zwei Kämpfer im Lendenschurz mit Rundschilden und Keulen. Ganz links an der Seite ein sich hochreckendes Pferd. Das Kämpferpaar mit Schild und Keule ist kein singuläres Motiv, es findet sich auch anderweitig auf Mosaikfußböden.[17] Darüber steht eine weibliche Figur in langem Kleid und mit zwei über die Schultern fallenden Haarflechten. Sie zielt mit einem Bogen auf einen Hirsch, der, schon von einem Pfeil in den Hals getroffen, seinen Kopf nach rückwärts neigt. Die weibliche Jägerin läßt an Artemis/Diana denken.[18] Rechts davon ein Tier mit Menschenkopf, ein Dreiblatt im Mund, über seinem Scheitel ein Schachbrett.

Es folgt – in aufsteigender Linie – ein vierleibiger Löwe. Er scheint auf einem Drachen zu stehen, der eine Schlange mit verknotetem Schwanz verschlingt. Man kennt das Motiv des mehrleibigen Tieres vor allem als Textilmuster aus persisch-byzantinischer Tradition, doch gibt es Vorläufer schon in der Antike.[19]

Oberhalb des vierleibigen Löwen wird von einer Gruppe von Arbeitern ein hohes Gebäude aufgeführt. Sie schleppen Ziegel oder Steine herbei und tragen sie über Leitern hoch. Es kann kaum zweifelhaft sein, daß es sich um den Turmbau von Babel handelt. Der ikonographische Typus ist zureichend belegt.[20]

Rechts am Baumstamm zwischen den Ästen oder auf ihnen finden sich neben zwei menschlichen Figuren eine Reihe mehr oder weniger phantastischer Tiere. Zweimal erscheint ein großer Vogel, der einen Hasen schlägt. Auffällig ist ein harpyenartiges Vogelwesen mit einem verknoteten Schwanz, dem ein Mensch zur Beute gefallen ist.

Über dem Turmbau ist Noah mit seinen Söhnen im Weinberg dargestellt *(Abb. 5)*. Die Szene gehört zum Noahzyklus zwischen den Schriftbalken – sie soll im Zusammenhang damit besprochen werden.

Überblickt man das linke Feld des unteren Mittelschiffes insgesamt, so bleiben viele Fragen offen. Abgesehen vom Turmbau ist keines der Bildmotive mit einiger Sicherheit zu identifizieren und zu deuten. Man mag geneigt sein, dem zentralen Komplex des vierleibigen Löwen eine konkrete Bedeutung zu unterstellen. Doch es versagen die ikonographischen Parallelen; sie weisen auf ein dekoratives Textilmotiv. Auffällig ist generell eine gewaltsam-dämonische Note. In immer neuen Abwandlungen erscheinen Kämpfe zwischen Menschen, zwischen Tieren und zwischen Mensch und Tier. Das Schachbrett könnte sich als symbolisches Versatzstück in diese thematische Perspektive fügen; das Schachspiel ist insbesondere in der altfranzösischen Epik immer wieder Anlaß zu Mord und Totschlag.[21]

3. Untere Hälfte des Mittelschiffs, rechtes Feld (Abb. 1, 4, Umschlag vorne)

Unter dem vom Wurzelballen des Mittelbaumes nach rechts ausgreifenden Ast sitzt ein nackter Posaunen- oder Flötenbläser quer auf einem Pferd. Rechts von ihm eine ebenfalls posaunenblasende Figur in langem Gewand hinter einem Pferd stehend. Die Schwänze der beiden Pferde sind verschlungen. Über ihnen sitzt auf dem Ast eine nackte Figur. Oberhalb ist inmitten einer Fülle von mehr oder weniger fabulösen Tieren, Tierreitern und Baumkletterern Alexander der Große dargestellt. Er sitzt auf zwei Greifen, die sich links und rechts nach den Ködern emporrecken, die er mit den Händen hochhält. Es handelt sich um Alexanders Himmelsflug im Greifengespann. Die Identifikation wäre auch ohne die Inschrift ALEXANDER REX nicht fraglich. Das Motiv ist literarisch und ikonographisch breit belegt.[22]
Literarisch erscheint die Greifenfahrt schon im griechischen Alexanderroman, freilich nur in einem Teil der Überlieferung. Das Motiv geht jedoch über die lateinische Fassung Leos von Neapel in die westliche Tradition des Romans ein.[23] Dabei stellt es sich thematisch neben den Versuch des Makedoniers, die Tiefsee in einer Taucherglocke zu erforschen,

und neben seinen Heereszug ans Ende der Welt, bei dem er das Paradies erobern will. Alle diese Unternehmungen zielen darauf, Alexanders Hybris zu demonstrieren. Er wird dabei jeweils in seine Schranken gewiesen und mehr oder weniger nachdrücklich ermahnt, die Grenzen, die ihm als Mensch gesetzt sind, zu bedenken.

Ikonographisch geht der Typus letztlich auf die antike Herrscherapotheose im Helioswagen zurück. An die Stelle der Sonnenpferde treten die beiden Greifen, die durch die Köder veranlaßt werden, hochzufliegen.[24] Der Typus ist in Byzanz entwickelt worden. Das Bild des zum Himmel fahrenden Alexander wurde dabei positiv interpretiert. Es diente der verherrlichenden Darstellung des byzantinischen Kaisers, der damit sowohl Alexander wie Christus angeglichen wurde.[25] Der Typus gelangt auf verschiedenen Wegen, nicht zuletzt auch wiederum über Textilien, nach dem Westen und findet sich hier u. a. auffälligerweise an einer Reihe von Kirchenportalen. Eine negative Interpretation, die im wesentlichen wohl literarische Wurzeln hat, dürfte dabei dominieren.[26]

Die Tierfiguren, die Alexander auf seinem Greifengespann umgeben, sind überwiegend phantastisch. Oben rechts gibt es Mischwesen mit Pferdeleib und Menschenkopf, ja mit zwei und drei menschlichen Köpfen, dann einen zweischwänzigen Fisch mit Menschenkopf, schließlich oben links eine Mischgestalt aus einem Elefanten und zwei anderen Tieren. Wieder erscheinen hier posaunenblasende Tierreiter: zwei nackte Figuren sitzen rittlings auf einem Fisch, rechts oben ein blasender Straußreiter.[27]

Im Gegensatz zur linken Seite ist diese Welt weniger gewalttätig als bizarr. Bis auf einen Fisch, dem ein Menschenbein aus dem Maul hängt, fehlt all das, was an die sich gegenseitig

23

zerfleischenden und mordenden Tiere und Menschen des linken Feldes erinnert. Statt dessen erscheint hier immer wieder – in thematischem Einklang mit der zentralen Alexanderszene – der Mensch, der mit dem Tier zusammenspielt, der auf Pferd, Fisch und Vogel reitet. Statt der Waffen sind den Figuren Blasinstrumente beigegeben.

Die beiden Seiten der unteren Mosaikhälfte sind offenbar kontrastiv konzipiert: links der Turmbau von Babel, der dazu führte, daß die Menschheit sich in viele Völker aufsplitterte, eine gewalttätige Welt, eine Welt der entzweiten Schöpfung; rechts Alexander der Große, der zum erstenmal den Osten und den Westen wieder in einem umfassenden Reich vereinigte, eine Welt des Wunderbaren und des Phantastischen, eine Welt, in der Mensch und Tier zusammenspielen können, eine Einheit aufgrund von Geschick und List; an der Stelle der mörderischen Waffe steht das Musikinstrument, das verführt und bezaubert.

4. Der Noahzyklus (Abb. 5)

In der Mitte, die ganze Breite des Kirchenschiffes einnehmend, sind Szenen der Geschichte Noahs dargestellt. Links Noah auf den Knien, wie er den Auftrag Gottes empfängt, die Arche zu bauen. Gott ist, nach einer gängigen Bildformel, durch eine aus einer Wolke ragende Hand symbolisiert. Daneben Noahs Söhne mit Axt und Säge beim Bau der Arche. Eine Axt ist in auffälliger Weise in den Mittelbaum geschlagen. Auf der rechten Seite, simultan zusammengefaßt, Tiere, die der Arche zustreben, und Noah, oben aus dem Schiff herausragend, dem schon die Taube mit dem Ölzweig entgegenfliegt. Rechts davon der ausgesandte Rabe, der nicht zurückkommt, sondern sich auf einem Kadaver niedergelassen hat.

24

Der Noahzyklus setzt sich dann unterhalb des Schriftbalkens links fort. Hier wird Noah mit seinen Söhnen bei der Arbeit im Weinberg gezeigt.

Die Darstellungen der Arche Noah gehen bis in die christliche Frühzeit zurück. Die Katakombenmalereien zeigen Noah Gott zugewandt in einer Art Kiste stehend; die Taube fliegt ihm entgegen. Diese Bildformel kennzeichnet ihn – in Anlehnung an den aus dem Grabe auferstehenden Christus – als den Gerechtfertigten und Geretteten. Die szenisch ausgestaltete Form von Otranto bewahrt noch Reste des altertümlichen Typus, so den kistenförmigen Bau mit den beiden Füßchen.[28]

Durch die Schriftbalken herausgehoben und über die ganze Breite des Kirchenschiffs gespannt, stellt sich die Geschichte von Noahs Arche in Gegensatz zur Welt des Turmbaus von Babel und zur Welt Alexanders des Großen. Hier geht es nicht mehr um den Menschen, der in Selbstüberschätzung einen Turm aufführt, um den Himmel zu erreichen, oder der die Kreatur überlistet, um zu Gott emporzufliegen, Noah baut seine Arche vielmehr auf göttlichen Befehl; sie dient dazu, seine Familie und die Tierwelt, Gottes Schöpfung, aufzunehmen und vor dem Untergang zu bewahren.

Unter diesem Aspekt hat man in Noahs Arche seit der Väterzeit eine Präfiguration[29] der Kirche gesehen. Die Rettung Noahs und sein Bund mit Gott weisen auf Christi Heilstat und den neuen Bund voraus.[30] Damit erscheint mit dem Noahzyklus neben Babylon und Alexander eine dritte Welt, eine Welt, in der eine Versöhnung mit der Schöpfung möglich wird, die Versöhnung durch die Kirche. Man versteht, daß Ionathas und Pantaleon durch die Inschrift sich und ihr Werk dieser Welt zuordnen.

Sieht man die Arche als Figur der Kirche, so wird es möglich, die Bildkomplexe des Mittelschiffmosaiks in sinnvoller Folge vom Eingang der Kathedrale aus zu lesen: auf das babylonische und das griechische Reich folgt als neues Reich dasjenige der christlichen Kirche. Als alttestamentliches Faktum geht die Geschichte Noahs jedoch der Zeit Babylons und Alexanders voraus. Historisch ist also von oben nach unten zu lesen. In dieser Linie liegt denn auch die Weinbergszene; sie versteht sich als historische Klammer zwischen dem Archebau und dem babylonischen Turm. Außerhalb der Schriftbalken stehend, bindet sie Noah über die weiteren Schicksale seiner Familie in den geschichtlich-kausalen Zusammenhang. Noah wird nämlich vom Wein, den er pflanzt, trunken. Sein Sohn Ham sieht ihn im Rausch entblößt daliegen und wird deshalb von Noah verflucht. Er wird der Stammvater der Babylonier: sein Sohn ist Chus, und dessen Sohn ist Nimrod (Gen. 10, 1. 6. 8), der der Sage nach den Turmbau von Babel betrieben haben soll.[31]

5. Die Monatsmedaillons (Abb. 6/7, 8)

Oberhalb des Noahzyklus finden sich zwölf Medaillons mit den Namen der Monate, den Tierkreiszeichen und den jeweils charakteristischen menschlichen Beschäftigungen. Die Reihe beginnt oben links:

Januar – Steinbock: eine sitzende Figur, die sich die Hände über einem Feuerbecken wärmt.

Februar – Wassermann: eine Frau mit einem Ferkel am Spieß und einem Kochtopf.

März – Fische: auf einem dreibeinigen Hocker ein nackter Mann, der sich mit einem Stöckchen die Füße reinigt.

April – Widder: ein Hirt mit geschultertem Stab und drei Tieren.

Mai – Stier: eine Gestalt in einem kostbaren langen Gewand sitzt auf einer mit einem Kissen belegten Bank: die Linke faßt einen Zweig, der durch das Medaillon hindurchgeht; die Rechte scheint auf Früchte an einem zweiten Zweig zu deuten.

Juni – Zwillinge: Kornschneiden mit der Sichel.

Juli – Krebs: ein Mann mit Dreschflegel.

August – Löwe: ein Winzer mit einem Messer an einem Weinstock; mit dem einen Fuß stampft er offenbar Trauben in einem Faß.

September – Jungfrau: ein Mann beim Weinkeltern. Er steht mit einem Bein in einer großen Bütte. Der Traubensaft fließt aus einem Spundloch in ein kleineres Gefäß.

Oktober – Waage: ein Bauer mit zwei Ochsen beim Pflügen.

November – Skorpion: ein Mann mit einer Hacke beim Säen.

Dezember – Schütze: ein Mann beim Schweineschlachten.

Es gibt zahlreiche derartige Reihen mit Darstellungen der für die einzelnen Monate charakteristischen Arbeiten.[32] Sie bewegen sich, was die Zuordnung der Motive zu den Monaten anbelangt, in einem gewissen Variationsspielraum, wobei insbesondere häufig Motive zwischen zwei benachbarten Monaten hin und her geschoben werden. Die Reihe von Otranto bleibt im großen ganzen im Rahmen dessen, was in Italien an Motiven erscheint, ohne sich jedoch mit irgendeiner anderen Reihe vollständig zu decken.[33] Gängig ist das Sich-Wärmen für den Januar, der Dornauszieher – mit dem die Otranto-Figur mit dem Stöckchen ikonographisch zusammengehört – für den März,[34] das Kornschneiden mit der Sichel für den Juni, das Dreschen für den Juli, das Keltern für den September, das Säen für den November und das Schweineschlachten für den Dezember. Unüblich ist das Ferkelbraten für den Februar. Es handelt sich um eine Motivvariante, die als Januarbild vorkommt. Selten ist im Westen im Gegensatz zur byzantinischen Reihe der Hirt mit der Herde für den April, während Otranto dann das typische Aprilmotiv, den Mann mit den Zweigen, im Mai bringt, wo man in Italien das Motiv des Reiters erwarten würde. Für den August steht in Italien normalerweise der Böttcher oder die Feigenernte, während die Traubenlese, die Otranto stattdessen bietet, eine Variante des Septembermotivs darstellt. Ebenso ist das Pflügen für den Oktober eine Variante des Novembermotivs, wobei das Säen, das Otranto im November bringt, sich freilich häufiger als Oktobertätigkeit findet.

Anhand der Monatsbilder, wo das Vergleichsmaterial sehr reichhaltig ist, läßt sich erkennen, wie man beim Entwurf von Bildreihen zu verfahren pflegte. Einerseits taucht kaum einmal ein völlig neues Motiv auf, aber es stehen offenbar mehrere Vorlagen zur Verfügung, die man variierend auswerten konnte. So kommen immer wieder anders zusammengesetzte Reihen zustande, wobei Otranto relativ stark variiert. Es steht zu vermuten, daß auch beim übrigen ikonographischen Material, das Pantaleon verwendete, analog verfahren wurde, ohne daß wir in der Lage wären, dies so gut wie im Falle der Monatsbilder nachzuprüfen. Möglicherweise hat man bei der Herstellung von Fußbodenmosaiken nach Musterbüchern gearbeitet, die ikonographisches Material zur Auswahl anboten. Die Mosaikfragmente, die wir aus Trani,

Brindisi, Lecce und Tarent kennen, scheinen diese Vermutung zu bestätigen.[35]

Es mag überraschen, daß nach Alexander, Babylon und der Arche Noah die historische Linie durch die Monatsbilder unterbrochen wird. Dies um so mehr, als sich oberhalb mit der Vertreibung Adams und Evas aus dem Paradies und der Ermordung Abels die alttestamentliche Motivreihe fortsetzt. Wenn dem Monatszyklus an dieser Stelle ein so breiter Raum zugestanden wird, so könnte dies den Sinn haben, den Menschen nach dem Verlust des Paradieses in seinem neuen Verhältnis zur Natur zu zeigen: es bleibt ihm die Möglichkeit, sich arbeitend in die Gesetzlichkeit der kosmischen Ordnung zu fügen.[36] Die natürliche Ordnung der göttlichen Schöpfung erscheint damit als Basis für die heilsgeschichtliche Ordnung, die durch die Arche symbolisiert wird. Der Mensch, der der Natur verpflichtet ist, und der Mensch im Auftrag Gottes sind einander zugeordnet, die Sorge für den Leib steht neben der Sorge um die Rettung der Seele.

6. Die biblische Bilderreihe an der Spitze des Mittelschiffs (Abb. 9, 10/11)

Sieht man in den Monatsmedaillons eine Darstellung der Naturordnung und im Noahzyklus eine Präfiguration der Kirche, also ein Vorausweisen auf die heilsgeschichtliche Ordnung, so stellt sich die Vertreibung aus dem Paradies sinnvoll in diesen Zusammenhang: der Sündenfall hat den Menschen gezwungen, sich mit seiner Hände Arbeit zu ernähren – » Im Schweiße deines Angesichts sollst du dein Brot essen« (Gen. 3, 19) –, und zugleich hat er ihn erlösungsbedürftig gemacht. Der Sündenfall ist die Begründung der spezifisch irdischen

Befindlichkeit des Menschen. Links vom Engel, der Adam und Eva aus dem Paradies weist, finden sich zwei nackte Menschen, die in Bäumen herumklettern, dazu ein Hund. Man hat vermutet, daß hier Adam und Eva im Paradies dargestellt seien.[37] Doch eine solche Darstellung wäre ikonographisch völlig atypisch, und angesichts der übrigen Baumkletterer auf dem Mosaik wird man einer solchen Deutung skeptisch gegenüberstehen.[38]

Die Figur im Lendenschurz unterhalb der Vertreibungsszene mit dem tauförmigen Kreuz neben der Türe ist der Gute Schächer Dismas, dem Christus auf Golgatha versprochen hat, daß er noch am selben Tag mit ihm im Paradies sein werde (Luc. 23,43). Die ikonographischen Parallelen lassen keinen Zweifel an der Identität dieser Gestalt.[39] Der Gute Schächer erscheint damit als Antitypus Adams: Adam, der aus dem Paradies vertrieben wird, steht der Gute Schächer gegenüber, der als erster Mensch wieder das Paradies betreten darf; Anfang und Ende der Heilsgeschichte sind über diese beiden Figuren zusammengeschlossen.

Rechts neben der Vertreibung aus dem Paradies finden sich je zwei Szenen aus der Artussage und aus der Kain/Abel-Geschichte. Da die ersteren ihre besonderen Probleme bieten, ist ihnen ein eigener Untersuchungsabschnitt gewidmet. Was die Kain/Abel-Episoden anbelangt, so handelt es sich um zwei typische Szenen aus dem Genesiszyklus, und als solche schließen sie sich folgerichtig an den Adam/Eva-Komplex an. Zunächst ist Abel dargestellt, der einen Erstling seiner Herde opfert, über ihm die Hand Gottes. Ihm gegenüber Kain mit einem Getreidebündel. Daneben die Szene des Brudermordes: Kain schlägt Abel mit einer Keule nieder. Darüber wieder die Gotteshand und die Worte: UBI E[ST] ABEL, FR[ATER]

TUUS? – *Wo ist Abel, dein Bruder?* Es ist die Frage Gottes an den Mörder in Gen. 4,9. Zweimal erscheinen die Namen ABEL und CAYN.

7. *König Artus und die Katze (Abb. 10/11, Umschlag hinten)*

Zwischen die Vertreibung aus dem Paradies und den Bruder-mord Kains hat Pantaleon zwei Szenen eingeschoben, die die alttestamentlich-historische Linie unterbrechen. Zunächst: König Artus, der mit einer Keule bewaffnet auf einem ge-hörnten Tier daherreitet. Die Identität der Figur ist durch die Inschrift REX ARTURUS gesichert. Vor ihm springt eine ge-fleckte Katze hoch. Rechts oberhalb eine nackte Gestalt, die die Hände in Gesichtshöhe hält. Rechts unterhalb die zweite Szene: der König liegt auf dem Rücken; die Katze hat sich auf ihn gestürzt und beißt ihm die Kehle durch. Daß dem König hier die Krone fehlt, darf keinen Zweifel daran aufkommen lassen, daß die beiden Szenen zusammengehören und wir es hier ebenfalls mit dem bretonischen König zu tun haben, denn die Krone des reitenden Artus stellt, wie eine Zeichnung A. MILLINS vom Anfang des 19. Jh.s zeigt, eine spätere Er-gänzung dar.[40]

Es handelt sich hier um eine Darstellung der Sage von Artus' Kampf mit der Katze von Lausanne. Diese Sage ist am aus-führlichsten im ›Livre d'Artus‹ auf uns gekommen.[41] Sie ist dort eingefügt in den Zusammenhang der Auseinanderset-zung zwischen König Artus und den Römern:

Artus hatte sich geweigert, den Römern den von ihm gefor-derten Zins zu bezahlen. Darauf war ein römisches Heer un-ter Lucius über die Alpen gezogen. Artus marschierte dem Feind entgegen, und so kam es im Gebiet zwischen Langres

31

und Autun zu einer Schlacht, in der die Römer besiegt wurden. Artus sandte die Leiche des Lucius nach Rom und ließ mitteilen, daß er hiermit den geforderten Zins zahle. Darauf überlegt Artus mit seinen Baronen, ob man weitermarschieren oder umkehren solle. Der Rat des Propheten Merlin wird eingeholt. Merlin rät dem König, weder das eine noch das andere zu tun, sondern sich zum Genfer See zu begeben, wo man seiner Hilfe bedürfe. Ein gefährliches Katzenungeheuer treibe dort sein Unwesen und mache die Gegend unbewohnbar. Der König fragt, wo diese Bestie herstamme, und nun erzählt Merlin ihre Geschichte:

Vor vier Jahren an Christi Himmelfahrt fuhr ein Fischer auf den Genfer See hinaus, um zu fischen. Bevor er sein Netz auswarf, versprach er dem Herrn den ersten Fisch, den er fangen würde. Er fing darauf einen prächtigen Fisch, aber der böse Fischer entschied, daß der Herrgott ihn nicht bekommen solle, sondern daß er ihm den nächsten geben wolle. Auch beim zweitenmal tat er wieder einen guten Fang, und wieder weigerte er sich, sein Versprechen einzulösen. Er vertröstete Gott auf den dritten Versuch. Als er das Netz zum drittenmal auswarf, fing er eine kleine schwarze Katze. Er nahm sie heim, damit sie ihm die Ratten und Mäuse zu Hause fange. Doch die Katze wuchs zu einem Untier heran und fraß den Fischer, seine Frau und seine Kinder. Darauf zog sie auf einen Berg beim Genfer See und tötete alles, was in ihre Nähe kam. Der Ort liege, so schließt Merlin, auf dem Weg nach Rom, wenn er, Artus, dahinziehe, dann hätte er die Gelegenheit, zugleich die bedrohten Menschen mit Gottes Hilfe von dem Katzenungeheuer zu befreien.

Als Artus und seine Barone dies hörten, erschraken sie. Sie erkannten, daß die schreckliche Katze die Strafe dafür war, daß der Fischer sein Versprechen gegenüber Gott nicht eingehalten hatte. Artus befiehlt, zum Genfer See zu ziehen. Sie finden die Gegend menschenleer. Der König steigt mit Loth, Gariet, Ban und Merlin auf den Berg. Oben zeigt Merlin dem König die Felsenhöhle, in der die Katze haust. »Und was muß man tun, damit sie herauskommt?« fragt der König. Merlin gibt zur Antwort, das werde er sehen, er solle sich zum Kampf bereit machen. Darauf schickt Artus seine Begleiter zurück; er will allein mit der Bestie fertig werden. Nun beginnt Merlin zu pfeifen, und die Katze springt aus der Höhle und stürzt, ausgehungert, auf Artus los. Es kommt zu einem blutigen und für den König überaus gefährlichen Kampf, der in den einzelnen Fassungen der Sage in unterschiedlicher Ausführlichkeit geschildert wird. Der König sticht dem Untier die Lanze in den Leib, aber sie bricht, und es schlägt seine Vordertatzen in seinen Schild. Der König schlägt sie ihm mit seinem Schwert ab. Erneut stürzt sich das Tier auf Artus und krallt sich mit den Hinterfüßen in seinem Maschenpanzer fest. Als der König auch die Hintertatzen abgeschlagen hat, erhebt die Katze ein grausames Gebrüll und versucht, verstümmelt wie sie ist, sich in die Höhle zu retten. Aber der König tötet sie mit einem Schwertstreich. Nach seinem Sieg gibt Artus dem Berg, der bisher Mont dou Lac geheißen hatte, in Erinnerung an diese Ereignisse den Namen Mont dou Chat, und so heißt er noch heute.

Diese Erzählung im ›Livre d'Artus‹ ist in wesentlichen Punkten nicht mit der Darstellung auf dem Mosaik von Otranto zur Deckung zu bringen. Am auffälligsten ist zunächst, daß der König nicht als Sieger aus dem Kampf mit dem Untier hervorgeht, sondern offenbar von der Katze überwältigt wird. Auch dieser tragische Ausgang des Katzenkampfes ist aber literarisch zu belegen, wenngleich keine ausführliche Version auf uns gekommen ist. In dem fragmentarisch überlieferten mittelhochdeutschen Roman von Manuel und Amande aus der ersten Hälfte des 14. Jahrhunderts findet sich ein Hinweis auf das Ende des Königs: es ist vom Fang der Katze im See die Rede und davon, daß Artus vom Kampf gegen sie nicht zurückgekommen sei.[42] In Andrés ›Romanz des Franceis‹ – vor 1204 – wird auf französische Erzählungen angespielt, nach denen Artus von der Katze Capalu getötet worden sei.[43] In einer lateinischen Elegie des Henricus Septimellensis, um 1193, heißt es, daß Artus mit einem Untier gekämpft habe, daß das Tier zwar von ihm getötet worden sei, er aber nicht nachhause zurückkehrte, so daß die Bretonen noch immer auf seine Rückkehr warteten.[44] Diese Sage, nach der Artus von der Katze entführt worden sein soll, findet sich auch bei dem provenzalischen Troubadour Peire Cardenal.[45] Es gibt also relativ breit gestreut Spuren einer Version des Katzenkampfes, der Artus das Leben gekostet hat, sei es, daß das Untier ihn tötete, oder sei es, daß er im Zusammenhang dieses Kampfes in geheimnisvoller Weise verschwunden ist. Die zweite Variante nimmt Rücksicht auf volksläufige bretonische Überlieferungen, nach denen Artus nicht gestorben, sondern entrückt worden sei, um eines Tages wiederzukehren.[46]

Von Interesse ist der Name Capalu, der bei André für die Katze auftaucht. Ein Katzenungeheuer mit diesem Namen erscheint auch in der ›Bataille Loquifer‹, deren Autor, Gandor (Jendeu) de Brie, sich übrigens 1170 in Sizilien aufgehalten hat.[47] In diesem Epos ist es Renouart, der gegen das Fabelwesen antreten muß, und zwar in Avalon, d.h. es ist mit der Jenseitsinsel verbunden, auf die Artus entrückt worden sein soll.[48] Der Name weist auf bretonisch-walisische Traditionen. In mittelkymrischen Texten ist mehrfach von diesem Katzenungeheuer Cath Paluc die Rede, wobei seine Herkunft aus dem Meer und die Verwüstungen, die es anrichtete, ebenso mit der Artussage übereinstimmen wie, daß schließlich ein Held auszieht, um das Land von ihm zù befreien. Nach dem schwarzen Buch von Caermarthen – die Handschrift ist zwischen 1154 und 1189 geschrieben worden – ist dieser Held Kei.[49]

Es kann kaum ein Zweifel bestehen, daß wir es beim Katzenkampf mit einer bretonisch-kymrischen Sage zu tun haben, die auf König Artus übertragen und am Mont du Chat lokalisiert worden ist. Die literarischen Belege reichen ins 12. Jahrhundert zurück. Das ikonographische Zeugnis von Otranto stellt sich dazu. Es setzt voraus, daß die Sage in ihrer tragischen Variante spätestens nach der Jahrhundertmitte in Süditalien bekannt und verbreitet war. Es impliziert zugleich, daß die Sage für die Normannen eine gewisse Bedeutung besessen hat, andernfalls hätte man ihr auf dem Mosaik schwerlich eine so prominente Stelle zwischen der Vertreibung aus dem Paradies und den Kain/Abel-Szenen zuweisen können.

Die Frage nach dem Sinn der Artusszenen in ihrer seltsamen Position im Genesiszyklus ist auf das engste mit einigen weiteren Eigentümlichkeiten verknüpft, die die Artusdarstellung in Otranto kennzeichnet. Was die erste der beiden Szenen betrifft, so fällt auf, daß sie nicht eigentlich eine Kampfsituation wiedergibt. Artus reitet vielmehr mit geschulterter Keule daher; er wendet sich auch nicht der Katze zu, sondern blickt aus dem Bild heraus. Das kleine gefleckte Tier ist ohne rechte Beziehung ungeschickt in den engen Raum zwischen dem Reittier und dem Urelternpaar hineingedrängt. Möglicherweise wollte Pantaleon weniger die Konfrontation mit der Katze darstellen, als mit dem Tier das Ziel des Reiters andeuten. Die siegesgewisse Geste des Königs könnte dies bestätigen, wenn man sie sicher als ursprünglich ansehen dürfte. Die Zeichnung MILLINs zeigt, daß der rechte Arm später ergänzt wurde, so daß Zurückhaltung am Platz ist.[50]

Besondere Probleme gibt das Reittier auf. Nach dem ›Livre d'Artus‹ kämpft der König zu Fuß. Wenn Artus sich auf dem Weg zur Katze befindet, müßte man ein Pferd erwarten. Doch das Tier besitzt eindeutig zwei Hörner, die, wenn man MILLINS Zeichnung Glauben schenken darf, einmal etwas länger gewesen sind. Daß das Tier zudem gespaltene Hufe besitzt, fällt dem gegenüber weniger ins Gewicht, da auch sonst auf dem Mosaik paarhufige Pferde vorkommen.[51] Man nimmt gewöhnlich an, daß Artus auf einem Ziegenbock reitet. Man kann dabei auf die übrigen Ziegenböcke des Mosaiks hinweisen, die große Ähnlichkeit mit Artus' Reittier zeigen. Bedenken erweckt jedoch, daß der charakteristische Ziegenbart fehlt. Insbesondere aber ergeben sich literarische Schwierigkeiten, denn daß der bretonische König auf einem Ziegenbock reitet, ist in der Artussage nirgendwo zu belegen. Auch im näheren literarischen Umkreis gibt es keine motivischen Analoga, die man heranziehen könnte.[52]

In dieser Situation hat man die Wahl zwischen drei Möglichkeiten:

1. Da das Mosaik über dem Kopf des Reittieres zweifellos mehr oder weniger stark zerstört war, kann man die Hörner als mißverstandene spätere Ergänzung ansehen und das Tier ohne Rücksicht auf die gespaltenen Hufe als Pferd erklären. Dies hätte den Vorzug, daß man sich in Übereinstimmung mit der sagengeschichtlichen Überlieferung be-

findet, und es fügte sich im übrigen am vernünftigsten in die allgemeine Vorstellung, die man sich von einem königlichen Reittier macht.

2. Man kann das Reittier als Ziegenbock auffassen und darüber hinwegsehen, daß ihm der charakteristische Bart fehlt. Man müßte in diesem Fall annehmen, daß Pantaleon, indem er von der Sage abgewichen ist, der Szene durch das ungewöhnliche Reittier eine ganz bestimmte symbolische Bedeutung geben wollte. Der Ziegenbock weckt in der Regel negative Assoziationen. Er ist ein dämonisches Tier, Symbol insbesondere der Geilheit.[53] Reiten auf einem Ziegenbock kann dann zweierlei bedeuten: entweder es ist damit zum Ausdruck gebracht, daß der Reiter dämonischen Mächten verfallen ist, oder aber, daß er sie bezwungen hat und zu zügeln versteht. Wenn also das Reittier des bretonischen Königs als Ziegenbock gedacht sein sollte, dann würde Artus damit entweder auf das schimpflichste diffamiert oder er würde als Überwinder dämonischer Mächte dargestellt. Im letzteren Sinne haben JACQUES STIENNON und RITA LEJEUNE die Szene in Otranto interpretiert.[54] Sie versuchten im übrigen ihre Deutung dadurch abzusichern, daß sie auf eine Figur am Campanile des Doms von Modena verwiesen, wo der Kampf eines Helden mit einem Bock dargestellt ist: dem Typus nach folgt er Samsons Löwenkampf, d.h. der Held sitzt rittlings auf dem Tier. Leider wissen wir nicht, wen der Bockbezwinger von Modena darstellen soll. STIENNON/LEJEUNE wollen ihn aufgrund des Bocksritts in Otranto mit Artus identifizieren.[55] Da die Deutung der Figur in Modena darauf beruht, daß Artus in Otranto auf einem Ziegenbock reitet, der Ziegenbockritt in Otranto aber nur dann eine gewisse

Wahrscheinlichkeit gewinnt, wenn die Figur in Modena tatsächlich Artus darstellt, so bedingen sich die beiden Hypothesen gegenseitig, und man kommt methodisch damit nicht weiter.

3. Schließlich darf man die Möglichkeit nicht außer acht lassen, daß in Otranto gar kein reales Reittier intendiert ist, sondern bewußt ein Märchentier geboten werden sollte. Artus könnte als König aus einer fernen Urzeit durchaus auf einem gehörnten Pferd reiten, wie es ja auch tatsächlich archaische Pferdedarstellungen mit Hörnerschmuck gegeben hat.[56] Mit einem solch hybrid-phantastischen Reittier würde Artus im übrigen in jene vorchristliche Welt gestellt, die auf dem Mosaik insbesondere durch derartige theriomorphe Mischformen charakterisiert wird. Auf diese ›universalhistorisch frühe Schicht‹ dürfte auch die Keule als Waffe deuten.[57]

Eine klare Entscheidung zwischen Pferd, Ziegenbock und Phantasietier ist kaum möglich. Die größeren Interpretationsschwierigkeiten würde eine Entscheidung für den dämonischen Ziegenbock mit sich bringen. Aber selbst dann bliebe immer noch offen, ob Artus damit negativ oder positiv akzentuiert werden sollte. So kann man nur hoffen, daß die Szene von der Gesamtkonzeption her ihren Sinn enthüllt.

Schwer zu erklären ist schließlich die nackte Figur in der Höhe zwischen Artus und Abel. Es fragt sich, ob sie überhaupt zu den Artusszenen gehört und nicht vielmehr ein Bruchstück einer verlorengegangenen Episode darstellt. Vom Genesiszyklus her gesehen könnte zwischen der Vertreibung aus dem Paradies und der Kain/Abel-Geschichte aber höchstens eine Szene mit Adam und Eva bei der Feldarbeit stehen. Bei der fraglichen Figur deutet nichts auf einen solchen Motivzusammenhang. Sollte sie zum Artuskomplex gehören, so wäre am ehesten an Merlin zu denken, der die Katze aus der Höhle lockt. Da die Merlin-Sage den Propheten als wilden Mann kennt, könnte man auf den Gedanken gekommen sein, ihn nackt darzustellen.[58] Doch das bleibt Spekulation. Für eine Identifizierung mit Parzival, wie sie in der Literatur zum Otranto-Mosaik auftaucht,[59] gibt es nicht den geringsten Anhaltspunkt.

II DAS VIERUNGSMOSAIK *(Abb. 12/13, 14–17)*

1. *Die 16 Medaillons*

Das Quadrat der Vierung zeigt in vier Reihen geordnet 16 Medaillons von ungefähr gleicher Größe. Sie sind von Ringen umschlossen, wobei jeder Ring eine andere ornamentale Verzierung aufweist. Zwei Medaillons haben anstelle dieser Verzierung Inschriften.[60] Was die Inhalte betrifft, so bilden sie – wenn man von den vier Medaillons mit Adam, Eva, Salomon und der Königin von Saba absieht – eine Art Bestiarium. Einige Figuren sind beschriftet, andere sind durch ihren Typus klar festzulegen, bei mehreren macht die Identifizierung Schwierigkeiten. Man wird ferner auf symbolische Konnotationen zu achten haben, wobei vorweggenommen sei, daß sie sich in höchst unterschiedlichem Maße und in wechselnder Prägnanz darbieten.

Unterste Reihe:

Med. 1: ein Stier mit Halsband, nach rechts schreitend.
Med. 2 + 3: die beiden Medaillons sind einander zugeord-
(Abb. 14) net: links Eva mit zwei langen Haarflechten,
rechts Adam; beide mit Inschriften versehen.

39

Zwischen ihnen der Paradiesbaum, um den sich die Schlange windet. Sie ist Eva zugekehrt, die kleine Früchte in den Händen hält. Auch Adam hat eine solche Frucht in der rechten Hand, während er seine Linke auf die Brust legt: es handelt sich der älteren und östlichen Tradition entsprechend um Feigen – die Vorstellung vom Paradiesapfel ist im Westen entstanden und erscheint ikonographisch erst im späteren Mittelalter.[61]

Med. 4:   ein Tier mit Tatzen, der Bildmitte zugewandt. Es ist nicht sicher zu bestimmen. Es könnte sich um einen Bären handeln.

Zweite Reihe:

Med. 5:   ein Dromedar mit zwei Halsbändern, das – wie der Stier unter ihm – von links nach rechts schreitet. Die symbolischen Konnotationen des Kamels sind ambivalent. Es ist, insbesondere als Lasttier der Heiligen drei Könige, Sinnbild des Gehorsams. Es kann aber auch Zorn oder Luxuria bedeuten.[62]

Med. 6:   ein einhörniger Drache, der sich Ouroboros-ähnlich zum Kreis biegt. Er beißt sich jedoch nicht in den Schwanz, sondern es hängt ihm der vordere Teil eines kleinen Tieres aus dem Maul. Es dürfte ein Ziegenbock sein – das Motiv begegnet abgewandelt auf dem rechten Seitenschiffmosaik noch einmal.

Med. 7:   ein Elefant mit Kreis- und Sternzeichen an den Beingelenken, nach rechts gerichtet. Der Kopf ist über den Rücken in Richtung auf den Drachen zurückgedreht. Die beiden Tiere sind offensichtlich aufeinander bezogen: schon die Antike weiß von der angeblichen Feindschaft zwischen dem Drachen und dem Elefanten. Sie ist dann Gemeingut der mittelalterlichen Tierbücher.[63] Da der Drache als Erscheinungsform des Bösen festliegt, kann es kaum zweifelhaft sein, wie sich die Bedeutungsakzente auf die konfrontierten Figuren verteilen: der Elefant trägt einen positiv-symbolischen, der Drache einen negativ-symbolischen Akzent.

Med. 8:   eine gefleckte Raubkatze, vermutlich ein Leopard, wieder mit Halsring. Er hat die eine Pranke in ein kleineres Tier geschlagen. Es dürfte sich um einen Fuchs handeln.

Dritte Reihe:

Med. 9:   ein antilopenartiges Tier mit geraden Hörnern, wie der Stier und das Dromedar in Bewegung von links nach rechts. Am Medaillonrand rechts eine unverständliche Inschrift: GRIS. Da das Mosaik oberhalb davon beschädigt war, ist möglicherweise ein Teil des Tiernamens verloren gegangen. Man hat vorgeschlagen zu ONAGRIS = *Wildesel* oder TIGRIS = *Tiger* zu ergänzen.[64] Doch paßt keine der beiden Lösungen zu dem dargestellten Tier.[65]

Med. 10 + 11: die mittleren Medaillons dieser Reihe gehören thematisch wieder zusammen: der Kentaur-Sagittarius, links, zielt, indem er seinen menschlichen Oberkörper rückwärts über seinen Tierleib

41

wendet, auf den Hirsch im Medaillon rechts. Der Hirsch blickt, den Kopf zurückgedreht, auf den Verfolger; ein Pfeil steckt ihm im Hals. Es sind wieder die charakteristischen Gelenkzeichen angebracht.

Kentaur und Hirsch haben zunächst ihre je eigene ikonographisch-literarische Geschichte, in der auch ihre Symbolik gründet. Der Hirsch bedeutet in der christlichen Exegese, auf der Basis von Psalm 41 und seiner Auslegung insbesondere durch Augustinus, die christliche Seele, die nach dem Wasser des Lebens dürstet; sie flieht in den Gefahren und Verlockungen des Diesseits zu ihrem jenseitigen Ziel.[66] – Der Kentaur ist ursprünglich ein dämonisches Unterweltswesen. Als Sagittarius ist er ikonographisch durch das entsprechende Tierkreiszeichen geprägt. Er zielt dabei mit dem Bogen auf eines der im Zodiakus benachbarten Tiere, auf den Skorpion oder den Steinbock. Aus dem Zusammenhang des Tierkreises gelöst, wird er mit dem Hirsch zusammengestellt, wodurch sich eine Szene von prägnanter Symbolik ergibt: der Sagittarius verfolgt als der böse Feind den Menschen auf seinem Weg zum Heil. Die neue Kombination ist seit dem 9. Jahrhundert zu belegen und wird seit romanischer Zeit zu einem überaus beliebten Motiv.[67]

Med. 12: ein kleiner Mönch in kauernder oder vielleicht sitzender Stellung vor einem stämmigen, pferdegestaltigen Einhorn. Er berührt mit der rechten Hand die Brust des Tieres.

Diese Verbindung von Einhorn und Mönch ist singulär. Man hat vermutet, daß Pantaleon sich hier selbst porträtiert habe.[68] Er hätte in diesem Fall eine gängige Bildformel entsprechend umgeprägt. In seiner Unicornis-Monographie sieht JÜRGEN W. EINHORN diese Formel in einer Illustration zu Psalm 91, die mit Bezug auf v. 11 den Psalmendichter in ähnlicher Haltung einem Einhorn gegenüberstellt. Als Hauptbeleg dient der Stuttgarter Psalter (Ms. bibl. 2° 23): 820/30 in Saint-Germain-des-Prés geschaffen, steht hinter ihm eine bis ca. 400 zurückreichende italienische Tradition. Pantaleon könnte sich als Künstler über diese Bildformel dem Psalmendichter angeglichen haben.[69] – Das ist ansprechend, doch ist zu bedenken, daß auch die Gegenüberstellung von Einhorn und Jungfrau in der Bildformel der griechischen ›Physiologus‹-Tradition[70] der Szene von Otranto sehr nahe steht: auch hier eine sitzende Figur, in sehr viel engerem Kontakt mit dem Tier als beim Psalmisten; auch die Geste mit der rechten Hand stimmt genauer zu Otranto.[71] Hat Pantaleon sich in der Adaptation dieser Bildformel an die Stelle der Jungfrau gesetzt, die das Einhorn bezwingt?

Nach der ›Physiologus‹-Tradition ist das Einhorn ein überaus wildes Tier, das von keinem Jäger gefangen werden kann. Wenn man jedoch eine keusche Jungfrau an den Weg bringt, den das Tier zu nehmen pflegt, dann wird es sanft, geht zu dem Mädchen hin und legt ihm den Kopf in den Schoß.[72]

Es wäre also auch denkbar, daß Pantaleon das zentrale Motiv dieser Einhornfabel, die Bezähmung des wilden Tieres durch die Keuschheit, von der ›Physiologus‹-Jungfrau auf den Mönch übertragen hat. Wenn es sich tatsächlich um ein Selbstporträt handelt, hätte er im einen wie im andern Fall eine kühne neue Künstlermetapher geschaffen.

Vierte Reihe:

Med. 14+15: wieder zwei Medaillons, die thematisch zusam-
(Abb. 15) mengehören. Sie zeigen die Begegnung der Königin von Saba mit König Salomon. Beiden Figuren sind Inschriften beigegeben: REGINA AUSTRI = *die Königin des Südens* über dem Medaillon, und REX SALOMON innerhalb des Medaillons rechts.

Die Königin von Saba sitzt in langem Kleid auf einer niedrigen Bank. In der Rechten hält sie einen nicht klar erkennbaren kleinen Gegenstand. Mit der Linken macht sie eine Geste auf Salomon hin. Während ihr linker Fuß normal menschlich gestaltet ist, endet das rechte Bein in einem unförmigen Stumpf. Der Künstler hat hier offensichtlich ihren Tierfuß dargestellt. Nach der Kreuzholzlegende soll die Königin von Saba einen oder zwei Gänsefüße gehabt haben. Sie pflegte diese Mißbildung durch ihr langes Kleid zu verhüllen. Als sie Salomon besuchte, richtete es der israelitische König so ein, daß sie über ein Wasser gehen mußte. Der Steg, der darüber führte, war jedoch von dem Holz gebildet, aus dem später das Kreuz Christi gezimmert werden sollte. Die Königin erkannte prophetisch die Bestimmung dieses Holzes; sie scheute davor zurück, den Steg zu betreten, und hob ihre Röcke, um durch das Wasser zu waten. Als sie aber vor Salomon ihre Füße entblößte, da wirkte Gott ein Wunder und schenkte ihr zwei normale menschliche Beine.

Diese Version ist im Westen in der Kreuzholzlegende seit dem 12. Jahrhundert nachzuweisen.[73] Sie geht vermutlich auf orientalische Vorstufen zurück. Dort ist freilich nicht von Gänsefüßen, sondern von Ziegen- oder Eselsfüßen die Rede. Der Tierfuß auf dem Mosaik gleicht eher einem Huf als einem Gänsefuß. Daß es auch eine Version gegeben hat, nach der nur ein Fuß tierförmig war, wird durch eine arabische Fassung bezeugt.[74] Die Darstellung in Otranto könnte also an einer orientalischen Tradition hängen.

Salomon sitzt, mit einem königlichen Mantel angetan und die Krone auf dem Haupt, auf einem Faltstuhl mit zwei Tierpranken und -köpfen – es handelt sich um ein gängiges Requisit, das in Verbindung mit den verschiedensten Personen nachzuweisen ist.[75]

Mit der Linken hält Salomon ein Zepter; die Rechte ist erhoben: da zwei Finger ausgestreckt sind, ist wohl der Majestätsgestus gemeint.[76] Ikonographisch ist diese Darstellung der Begegnung singulär, was nicht zuletzt durch die Bin-

45

dung der beiden Figuren in die Medaillons bedingt sein dürfte.[77]

Med. 15: eine Sirene, die ihre beiden mit Schuppen be-
(Abb. 17) deckten Schwänze mit den Händen hochhält. Die
Haare fallen ihr in dünnen Strähnen an der Seite
herunter. Sie trägt Ohrgehänge.

In der ikonographischen Tradition zeigt die Sirene sich in wechselnden Erscheinungsformen.
Sie besitzt bald einen Vogelleib, bald ist sie fisch-
schwänzig.[78] Ihre Bedeutung hingegen liegt fest,
seit die Kirchenväter die stoische Interpretation
des Sirenenabenteuers der Odyssee übernommen
und christlich uminterpretiert haben: so wie
Odysseus sich an den Mast seines Schiffes fesseln
ließ, um dem Gesang der Sirenen nicht zu verfallen, so solle sich der Christ auf der Meerfahrt des
Lebens am Mastbaum des Kreuzes festklam-
mern, um den irdischen Verlockungen zu entge-
hen. Die Sirene ist damit das Symbol der Luxuria,
der sinnlichen Lust, der Verfallenheit an den
Trug dieser Welt.[79]

Med. 16: So relativ klar Ikonographie und Deutung der Sirene sich darstellen, so schwierig ist die Interpretation des Greifenmedaillons: ein geflügelter Lö-
wengreif, nach links blickend, hebt seine rechte
Vordertatze. Hinter dieser Tatze, was wohl bedeutet: von den Krallen getroffen, ein kleiner
Widder. Am unteren Rand des Medaillons eine
Inschrift: Pasca. Sie ist in ihrem Bezug zu den
beiden dargestellten Tieren kaum verständlich.
Man könnte versuchen, Pasca als Pascha zu le-

sen und im Widder das Osterlamm zu sehen, das vom Greifen als Symbol des Bösen getötet wird.[80] Es ist aber nicht auszuschließen, daß die Inschrift verstümmelt ist, denn das Mosaik ist unterhalb des Medaillons deutlich beschädigt. Bei soviel Ungewißheit wird man das Problem der Inschrift besser auf sich beruhen lassen. Es liegt dann am nächsten anzunehmen, daß dem Widder keine spezifische Bedeutung zukommt, sondern daß er nur das Beutetier darstellt, das der Greif häufig in seinen Klauen hält.[81] Der Greif, von dem man somit auszugehen hat, ist, in Analogie zu dem Medaillonpaar 14/15, wohl als Pendant zur Sirene gedacht: dem hybrid zweigestaltigen Wasserwesen steht das hybrid zweigestaltige Luftwesen gegenüber. Da der Greif nach antiker Überlieferung Gold hütet, ist er zum Symbol der Habsucht und der Hoffart geworden.[82] Er gehört jedoch nicht zum alten Bestand des ›Physiologus‹: die Deutung ist eher lose mit ihm verbunden und kann stark schwanken. Die negative Interpretation herrscht jedoch bis zu Dante vor.[83]

Wenn man die 16 Medaillons insgesamt überblickt, so wird man ein gewisses Ordnungsprinzip nicht verkennen können. Entlang der Mittelachse finden sich in den Reihen 1–3 oppositionelle Medaillonpaare: Eva gegenüber Adam, der Drache gegenüber dem Elefanten und der Sagittarius gegenüber dem Hirsch. In der obersten Reihe sind dann alle vier Medaillons in die Opposition einbezogen: das Paar Königin von Saba/ Salomon steht dem Paar Sirene/Greif gegenüber. Ob sich überdies die äußeren Medaillons der Reihen 1–3 in irgendeiner Weise sinnvoll den mittleren Medaillonpaaren zuordnen lassen, muß jedoch angesichts ihrer mehr oder weniger vagen symbolischen Konnotationen offen bleiben.

2. Die Drolerien

Zwischen die Medaillons sind Drolerien eingestreut, wie man sie als Schmuckmotive aus mittelalterlichen Handschriften oder von Bauwerken kennt.[84] Besonders auffällig sind in der Mitte über dem Paradiesbaum die musizierenden Tiere *(Abb. 16)*: ein Hund oder Fuchs mit einer Handpauke und ein Esel mit einer Leier. Zwischen der ersten und der zweiten Medaillonreihe rechts und über dem Drachenmedaillon finden sich Tierszenen, die an Fabelsituationen erinnern: eine Katze und eine Maus, ein Hahn, der auf einen Fuchs losgeht, ein langhalsiger Vogel, wohl ein Storch, der eine kleine Schlange frißt, während ein igelartiges Tier ihm gegenübersteht. Unterhalb der Sirene rechts und links Meertiere, ein Oktopus und ein Fisch, oben zwischen Sirene und Greif ein Posaunenbläser. Dazu kommen pflanzenhafte Füllsel der verschiedensten Art, ferner Kreise und links über dem Einhornmedaillon ein Knotenornament.[85]

Die meisten dieser Motive sind als mehr oder weniger dekorative Versatzstücke breit zu belegen. Besonders häufig und bis in den alten Orient zurück zu verfolgen sind die musizierenden Tiere.[86] Der Esel mit der Harfe kann im Mittelalter eine prägnante Bedeutung besitzen: er ist Bild der Unwissenheit und Anmaßung.[87] Zusammengesehen mit dem Hahn, der den Fuchs herausfordert, und der Katze, die vor der Maus zurückzuweichen scheint, ist er hier möglicherweise aber einfach einer verkehrten Welt zuzuordnen,[88] die der Auseinandersetzung zwischen dem Guten und dem Bösen, die in den Medaillons zum Ausdruck kommt, als heitere Folie dient. Während die Figuren zwischen den Medaillons mehr spielerischen Charakter zeigen, nimmt das Tierfries über der Inschrift die dämonische Tierwelt des Mittelschiffs nochmals auf. Es erscheinen ein Löwe, verknotete Schlangen im Kampf mit einem Igel oder Stachelschwein und mit einem Krebs, Mischwesen mit Drachenschwänzen, Vögel und wiederum Tiere, die sich in Ranken tummeln, und anderes mehr.

III DAS APSISMOSAIK *(Abb. 18/19)*

Das Mosaik im Halbkreis der Apsis zeigt auf der rechten Seite bis zur Mitte hin Szenen eines Jonaszyklus. Nach dem gleichnamigen biblischen Buch erhält Jonas von Gott den Auftrag, nach Ninive zu gehen und der Stadt ihr gottloses Wesen vorzuhalten. Der Prophet flieht jedoch auf einem Schiff über das Meer. Da erhebt sich ein gewaltiger Sturm. Die Schiffer werfen das Los, um herauszufinden, wer den Zorn Gottes erregt hat, und das Los fällt auf Jonas. Er gesteht seine Schuld und läßt sich ins Meer werfen. Da taucht ein großer Fisch auf, der ihn verschlingt. Drei Tage und drei Nächte verbringt Jonas betend im Bauch des Tieres, dann speit es ihn ans Land. Nun ist Jonas bereit, nach Ninive zu gehen. Er prophezeit, daß die sündige Stadt in 40 Tagen untergehen werde. Da hüllen sich die Leute in Säcke und beginnen zu fasten. Auch der König legt seinen Purpur ab und läßt allen Bewohnern der Stadt befehlen, Buße zu tun. Darauf hat Gott Erbarmen und nimmt sein Verdammungsurteil zurück. Jonas wird darüber zornig und verzweifelt. Er sitzt mit Gott hadernd vor der Stadt in einer Hütte. Da läßt der Herr in der Nacht einen schattenspendenden Kürbis über ihn wachsen, aber in der Frühe sticht eine Schlange die Pflanze, so daß sie verdorrt. Jonas ist erneut ungehalten. Da spricht Gott zu ihm: Du zürnst darüber, daß die Kürbispflanze zugrundegegangen ist, für die du nichts getan hast, wie sollte ich da nicht Barmherzigkeit üben an einer Stadt mit mehr als 120 000 Einwohnern, die den rechten Weg nicht kennen!

Aus dieser Erzählung bietet das Mosaik wenigstens vier Szenen; möglicherweise gehören noch weitere in ihren Zusammenhang. Unten rechts wird Jonas aus dem Schiff geworfen, während der Fisch seinen Rachen aufsperrt, um ihn zu verschlingen. Darüber der Prophet unter der Kürbispflanze. Sie rankt sich an einem Stab hoch. Am Boden und am Ende der Ranke sind deutlich Kürbisfrüchte zu erkennen. Jonas scheint auch eine Frucht in der Hand zu halten. Er blickt nach oben; über ihm die Hand Gottes. Links davon die zwei vorausgehenden Szenen: Jonas – mit einer Inschrift gekennzeichnet: JONAS [PRO]PH[ET]A – hält eine Buchrolle mit dem Text der Weissagung: ADHUC XL DIES ET NINIVE SUBVERTETUR – *von jetzt an in 40 Tagen wird Ninive zugrunde gehen.* Rechts daneben der König von Ninive – auch er durch eine Inschrift: REX NINIVE, eindeutig zu identifizieren – der sein Königskleid von sich tut. Es ist denkbar, daß auch die Episode rechts davon mit dem nackten Mann, der sich an zwei Leute in einem Boot(?) wendet, in den Zusammenhang des Jonaszyklus gehört. Man könnte an die Szene denken, in der Jonas vor dem Herrn fliehend die Seeleute bittet, ihn mitfahren zu lassen. Merkwürdig ist freilich die Geste des Schiffers, die den Bittenden weiterzuweisen scheint. Handelt es sich vielleicht eher um den Propheten, der den Weg nach Ninive erfragt? Derselbe nackte Mann scheint übrigens rechts davon beim Fischfang dargestellt. Schließlich ist zu erwägen, ob die verschiedenen Figuren über und links vom prophezeienden Jonas noch Motive aus seiner Geschichte bringen. Sind hier die Leute von Ninive dargestellt, die Buße tun? Die Posaunenbläser auf den Türmen könnten den entsprechenden Befehl des Königs ankündigen. Und soll die nackte weibliche Gestalt unterhalb der Stadt gar die Verderbtheit Ninives symbolisieren?[89]

Die ikonographische Tradition gestattet es nur zum Teil, diese Fragen zu beantworten.[90] Darstellungen zur Jonasgeschichte gehen bis in die frühchristliche Zeit zurück. Sie finden sich häufig in Katakomben und auf Sarkophagen. Es sind drei Szenen, die immer wieder erscheinen: 1) Jonas, der aus dem Schiff geworfen wird, während der Fisch seinen Rachen nach ihm aufsperrt; 2) Jonas, der vom Fisch wieder ausgespien wird; und 3) Jonas unter dem Kürbis ruhend. Der ursprüngliche Sinn dieses Szenenkomplexes im Zusammenhang christlicher Grabsymbolik ist offenkundig: die drei Szenen bedeuten Verschlungenwerden vom Tod, Rettung durch Gott und Ruhe im Paradies.

Zu einer Erweiterung dieses Komplexes kommt es in der Miniaturmalerei. Die Handlung kann hier mehr oder weniger durchgängig von bildlichen Darstellungen begleitet sein, wie dies für die frühe Bibelillustration kennzeichnend ist. Die ältesten Belege, die auf uns gekommen sind, sind byzantinisch. Es werden nun dargestellt: die Berufung durch Gott, die Abfahrt mit dem Schiff, das Schiff im Sturm, aus dem Jonas dem Meerungeheuer in den Rachen geworfen wird; dann die Gegenszene, in der der Fisch Jonas ans Land speit. Weiter die

Predigt vor dem Volk und dem König von Ninive, und schließlich der ruhende Prophet. Schon das früheste Zeugnis, eine Pariser Handschrift der Predigten Gregors von Nazianz aus dem späteren 9. Jahrhundert, zeigt die Geste des Königs, mit der er zum Zeichen der Buße sein Gewand aufreißt.

Indem sich die Jonasdarstellung aus dem Zusammenhang der frühchristlichen Grabsymbolik löst, kann ihr Sinn je nach der Bildauswahl und dem ikonographischen Kontext variieren. In einer Reihe mit Noah, Daniel und Lazarus z. B. wird Jonas zum Sinnbild für die zuversichtliche Hoffnung, daß es eine Rettung aus Not und Tod gibt. Seit dem 4. Jahrhundert erscheint Jonas in typologischer Entsprechung zu Christus.[91] Einschlägige Stellen im Matthäus- und Markusevangelium haben den Anstoß gegeben, Jonas als Figur Christi zu interpretieren: so wie Jonas drei Tage im Bauche des Walfisches verbracht hat, so wird Christus drei Tage im Grabe liegen, und so wie jener danach ausgespien wurde, so wird Christus vom Tode erstehen.

Der Jonaszyklus des Mosaiks von Otranto geht deutlich auf die aus der Handschriftenillustration sich herleitende erweiterte Szenenfolge zurück. Daß es sich um eine byzantinische Tradition handelt, macht die Kürbislaube deutlich. Im Westen ist in der Vulgata des Hieronymus der Kürbis gegen den Efeu ausgetauscht worden, und diese Version hat sich trotz der Proteste Augustins durchgesetzt. Sie bleibt in der lateinischen Welt gültig, bis Martin Luther, auf die Septuaginta zurückgreifend, der Kürbislaube nochmals zu einer kurzen Nachblüte verhilft.[92]

Der Jonaszyklus von Otranto zeigt gegenüber der Tradition einige schwer verständliche Merkwürdigkeiten. Die erste Hauptszene, in der Jonas dem Fisch in den Rachen geworfen wird, folgt dem gängigen ikonographischen Typus. Es wird jedoch die zweite zentrale Szene: Jonas, der vom Walfisch ans Land gespien wird, übergangen. Die dritte Hauptszene, Jonas unter dem Kürbis, erscheint in einer ikonographisch höchst ungewöhnlichen Form: man erwartet, daß Jonas in der Laube ruht; stattdessen steht er aufrecht. Er scheint mit Gott zu sprechen. In dieser Situation müßte aber die Pflanze verwelkt sein. Mit dem Bild des Königs von Ninive befindet man sich wieder auf traditionellem Boden, während die übrigen Szenen, die man dem Zyklus zuordnen wollte, erneut völlig aus dem Rahmen fallen; sie gehören wohl doch in einen anderen Zusammenhang: die Posaunenbläser auf den Türmen und die nackten Gestalten, die zum Teil aus der Erde zu steigen scheinen, dürften eher auf das Jüngste Gericht hinweisen.

Die einzige weitere Szene des Apsismosaiks, die klar zu deuten ist, findet sich dem Jonaszyklus gegenüber auf der linken Seite: es handelt sich um Samson, der den Löwen zerreißt *(Abb. 18)*; er ist durch eine Inschrift eindeutig zu identifizieren. Er sitzt in der für ihn ikonographisch charakteristischen Position rittlings auf dem Tier. Das Motiv ist breit belegt und reicht historisch weit zurück.[93] Ikonographisch setzt es die antike Stiertötungsszene des Mithras fort: das Knien des Mithras auf dem Stier ist zu Samsons Rittlingssitz umgedeutet worden.[94] – Samson ist, wie Jonas, ein Typus Christi; der Löwenkampf präfiguriert den Sieg des Erlösers über die Hölle.[95]

Oben in der Mitte des Apsismosaiks ist eine Eberjagd dargestellt: das Tier ist von einem Speer getroffen und wird von einem Hund angefallen; dahinter ein Jäger zu Pferd.

Links schließt sich eine Reihe mehr oder weniger klar identi-

fizierbarer Tiere an, u. a. Hunde, ein Hase, ein Steinbock.
Dann folgt ein geflügelter Drache mit verknotetem Schwanz.
Er hält mit seinem Leib einen Hirsch umschlungen.

Ob unterhalb von Samson links noch thematisch relevante
Szenen folgen, ist ungewiß. Keinen Anhaltspunkt zu einer
Deutung bietet der nackte Mann mit Stab und Becher(?) inmitten von Tieren, unter denen ein Hase, ein Esel und vermutlich ein Affe auszumachen sind. Bei dem Nebeneinander
von Esel und nacktem Mann an Apuleius' Roman zu denken,
geht weit über das hinaus, was sich von den ikonographischen Daten her gestattet.[96]

IV DAS MOSAIK DES LINKEN SEITENSCHIFFS
   (Abb. 20, 22, 23)

Wie der Fußboden des Mittelschiffs, so sind auch die Seitenschiffe durch Bäume vertikal in je zwei Felder geteilt. Es handelt sich um denselben Baumtypus: überwiegend dreilappige
Blätter, kelchförmige Blüten und keulen- oder geigenkastenförmige Früchte.

Der Mittelbaum des linken Seitenschiffmosaiks ist äußerst
dürftig mit Ästen besetzt. An der Spitze gabelt er sich, um ein
nach unten gerichtetes, siebenteiliges Blatt zu umschließen.
Die Stelle der Elefanten am Fuß nimmt hier ein Stier ein.

In den beiden Längsfeldern stehen sich Paradies und Hölle
gegenüber. Das Paradies links ist durch die Patriarchen Jakob, Isaak und Abraham markiert *(Abb. 22)*. Die drei Figuren sind beschriftet. Sie sitzen in der oberen Hälfte des Feldes
auf kleinen Bänken frontal nebeneinander und halten Seelen
im Schoß. Die Patriarchentrias ist eine byzantinische Weiter-

bildung der Abrahamfigur mit dem Seelenschoß. Wo sie im Westen – nicht allzu häufig – auftritt, geht sie auf östliche Einflüsse zurück.[97]

Über den Patriarchen ein Hirsch, der sich auf den Hinterbeinen hochrichtet; er scheint sich dem eigentümlichen Blatt in der Baumspitze zuzuwenden. Das Tier ist durch eine Inschrift ausgezeichnet: CERVUS – *Hirsch*. Es könnte damit seine besondere Bedeutung, d. h. sein symbolischer Charakter, hervorgehoben sein. Es sei daran erinnert, daß das Vierungsmosaik den vom Kentaur verfolgten Hirsch zeigt; die Szene charakterisiert die Situation des Menschen im Diesseits. Hier nun ist der flüchtende Hirsch an sein Ziel gelangt: die Seele befindet sich im Paradies.

In der unteren Hälfte des linken Feldes finden sich eine Reihe von Figuren, die schwer zu deuten sind. Es erhebt sich hier nochmals ein kleinerer Baum. Eine nackte Gestalt sitzt rittlings auf einem Zweig und macht eine Gebärde schräg nach oben, eine zweite im Lendenschurz steht in einer Astgabel. Neben dem Stamm des kleineren Baumes wohl ein Esel, der über einem wolfsähnlichen zweiten Tier steht und von diesem ins Bein gebissen wird. Unten in der linken Ecke, nur z. T. erhalten, ein mehrköpfiges Monstrum.

Meint das Baumklettern in diesem Zusammenhang einmal etwas Konkreteres? Vielleicht den Aufstieg aus dämonengefährdeter Tiefe zum Paradies? Es zeigt sich im Paradiesbild jedenfalls ein Reflex jener Spannung, die die Szene des vom Kentaur verfolgten Hirschs kennzeichnet: dem Hirsch an der Spitze des Baumes steht in der Tiefe ein hybrides Untier gegenüber; der Abstand ist freilich groß geworden, der Hirsch ist von den dämonischen Mächten nicht mehr zu erreichen.

Das rechte Längsfeld bringt eine Darstellung der Hölle. Auf der Höhe der drei Patriarchen erscheinen zwei Teufelsfiguren, die mit INFERNUS und SATANAS überschrieben sind *(Abb. 23)*. Während INFERNUS = *Hades* an Händen und Füßen gefesselt ist, thront Satan mit Krone und Gabelbart auf einer mehrköpfigen Schlange, die mit ihrem größten Kopf wiederum eine kleine Schlange verschlingt.

Das Nebeneinander von zwei Höllenfürsten, von denen der eine gebunden ist, beruht auf apokrypher Überlieferung. Die Darstellung in Otranto deckt sich mit der Version des Bartholomäusevangeliums, nach dem Christus, als er in die Hölle hinabsteigt, um u. a. die drei Patriarchen zu befreien, den Hades in Fesseln schlägt.[98]

Über Hades und Satan – auf der Höhe des Paradieshirsches – drei Tiere: links möglicherweise ein Bär, von der Baumspitze weggewendet; rechts ein Ziegenbock; darüber ein Tier, von dem nur noch die Hintertatzen und das Hinterteil mit Schwanz erkennbar sind.

Unterhalb des Teufelspaares eine Reihe von Verdammten, die verschiedenartigen Qualen ausgesetzt sind. Eine Figur ist von Schlangen umwunden, eine andere scheint in einem dampfenden oder feurigen Abgrund zu versinken; von rechts nähert sich eine teuflische Gestalt mit einer Schlange. Darunter drei Verdammte mit Schlangen an den Schultern und merkwürdigen Kopfbedeckungen. Dann folgen ein kleinerer und ein größerer menschenverschlingender Drache.

Darunter ein geflügelter Teufel mit Borsten hinten an den Beinen und am Gesäß. Er hält eine Seelenwaage in der Linken.[99] Eine dazugehörige Inschrift, von der heute nur noch Spuren vorhanden sind, soll folgendermaßen gelautet haben: HIC STAT. HIC AD ARDVA VADIT. AT ISTE CADIT = *dieser steht*

– d. h. bei diesem sind die Waagschalen im Gleichgewicht –,
der geht steil nach oben, jener aber fällt.[100]
Neben dem Teufel mit der Seelenwaage ein Kessel, in dem
kopfüber ein Verdammter hängt. Darunter brennt ein Feuer,
das wohl von dem danebenstehenden Teufel mit einer drei-
zackigen Gabel geschürt wird; zwischen seinen Beinen ein
Höllentier.

Die hier dargestellten Höllenqualen sind in der frühchrist-
lich-mittelalterlichen Visionsliteratur im großen ganzen ohne
Mühe wiederzufinden. Die Peinigung durch Würmer und
Schlangen ist ein Standardmotiv seit der ›Visio Pauli‹ des
4. Jahrhunderts, die zusammen mit der Petrusapokalypse den
wesentlichen Motivvorrat für die Höllendarstellungen bis hin
zu Dante bereitstellte.[101] Gängig sind auch der stinkende oder
brennende Pfuhl und der Kessel oder Ofen, in dem die Verdammten gekocht oder gebraten werden.[102] Immer wieder
taucht auch das Höllenungeheuer auf, das die Sünder verschlingt.[103] Nicht ohne weiteres literarisch zu parallelisieren
ist die Qual, die die drei Figuren mit den eigentümlichen
Kopfbedeckungen zu erdulden haben: man könnte an die
Eiskappen, von denen in der irischen Vision Adamnans die
Rede ist, oder ein ähnliches Folterinstrument denken.[104]

Der Mittelbaum des rechten Seitenschiffs scheint nicht wie
beim linken Seitenschiff zwei thematisch kontrastive Felder
voneinander abzusetzen. Der größere Teil der Fläche wird auf
beiden Seiten von gleichartigen mehr oder weniger sicher
identifizierbaren Tieren und Mischwesen eingenommen.
Links unten ein vierbeiniges Tier mit nach oben gewandtem
menschlichem Kopf. Rechts der Kopf eines Ungeheuers. Darüber links und rechts Hunde, einer mit einem Halsband, ferner ein Mensch mit einem Tierhinterleib, geflügelte Mischwesen, rechts zwei Ziegenböcke. Auf der linken Seite fällt
eine zusammengehörige Tiergruppe heraus: ein Löwe, der einen Drachen in den Schwanz beißt, der seinerseits einen Ziegenbock verschlingt. Daß die Szene thematisch Gewicht haben könnte, läßt die Inschrift: LEONE[M] vermuten. Die
Analogie zum linken Seitenschiffmosaik, das ebenfalls ein
beschriftetes Tier aufweist, verstärkt diesen Eindruck.
Ganz oben dann eine Reihe menschlicher Figuren. Links zwei
nackte Gestalten, die erste nur z. T. erhalten. Die zweite hat
eine Baumgabel zwischen den Beinen. In der Mitte eine
nackte Figur, die auf der Spitze des Mittelbaumes zu stehen
scheint. Sie hält mit zur Seite geneigtem Kopf über sich eine
Rosette. Dem ikonographischen Typus nach gehört sie in die
Tradition des antiken Atlas, der den Himmel auf den Schultern trägt.[105] Daneben eine Gestalt auf einer Sitzbank, die mit
der Linken eine offene Schriftrolle in die Höhe hält, während
sie mit der Rechten darauf hinweist. Die Inschrift MARGVA-
CIUS oder MARBVACIUS ist offensichtlich verstümmelt. Eine
sinnvolle Wiederherstellung ist bisher nicht gelungen.

Darunter, zur Figur mit der Schriftrolle emporblickend, Samuel, durch eine Inschrift sicher zu identifizieren. Der Gegenstand, den er in der rechten Hand hält, muß der ikonographischen Tradition nach das Ölhorn sein, mit dem er Saul und David zu Königen salbte.[106] Rechts am Rand, nur noch teilweise zu erkennen, eine große menschliche Gestalt, darunter eine kleinere; sie wenden sich dem Mann mit der Buchrolle zu.

Wiederum sind in diesem Mosaikteil die unteren Regionen des Raumes, und hier bis weit über die Mitte hinauf, einer abstrus-dämonischen Tierwelt zugewiesen. Der Löwe im Kampf mit dem Drachen, der ein anderes dämonisches Tier verschlingt, scheint das zentrale Tiermotiv des linken Mittelschiffs wieder aufzunehmen. Doch dürfte der gegenüber dem vierleibigen Monstrum normale und beschriftete Löwe eher positiv zu interpretieren sein.[107]

Außerordentliche Schwierigkeiten bietet der Komplex der menschlichen Figuren an der Spitze des Baumes. Nur eine einzige ist, wie gesagt, sicher zu identifizieren: Samuel mit dem Salbölhorn. Der Mann über ihm mit der Schriftrolle, dem er sich zuwendet, muß ein größerer sein, wohl einer der nachkommenden Propheten, vielleicht Jesaias oder Jeremias. Da auch die beiden Gestalten rechts auf ihn ausgerichtet sind, stehen diese möglicherweise wie Samuel auf einer früheren historischen Stufe. Man könnte an die von ihm gesalbten Könige Saul und David denken; doch da sichere Kennzeichen fehlen, muß die Frage offenbleiben. Ebensowenig gibt es einen Anhaltspunkt, der es erlaubte, die beiden Gestalten links oben zu deuten.

Der Atlas von Otranto trägt eine Rosette auf den Schultern. Sie dürfte den Kosmos mit den Himmelskreisen symbolisieren.[108] Wie schon in der Antike, so versteht man auch im Mittelalter den Kosmosträger Atlas als weisen Astronomen, der das Universum kennt und über seine Geheimnisse Auskunft zu geben vermag.[109] Es wäre denkbar, daß er hier als Vertreter der natürlichen Erkenntnis der göttlichen Verkündigung gegenübergestellt ist, wobei letztere durch die Figur des Propheten und Samuels ins Bild gebracht wäre. Naturordnung und Heilsordnung erschienen damit nochmals im Spiegel der heidnisch-antiken und der jüdisch-alttestamentlichen Weisheit.[110]

C GESAMTINTERPRETATION

I METHODISCHE GRUNDFRAGEN

1. Probleme der Identifizierung von Figuren und Szenen

Eine Reihe von Figuren und Szenen auf dem Fußbodenmosaik von Otranto sind eindeutig zu identifizieren. Die sicherste Gewähr ist dort gegeben, wo Inschriften vorhanden sind. Beschriftet sind, wenn man von den Monatsnamen absieht, immer nur Einzelfiguren, vor allem menschliche Gestalten: König Alexander, Noah, Kain und Abel, König Artus, Eva und Adam, Salomon und die Königin des Südens, Jonas, der König von Ninive, Samson, Jakob, Isaak, Abraham, Hades und Satan, Samuel und – unverständlich – Margvacius. Vier Inschriften bezeichnen Tiere, die natürlich ihren Gattungsnamen erhalten, so CERVUS und LEONEM, dazu die verstümmelten Inschriften der Medaillons 9 und 16. Dreimal werden Szenen mit Beischriften versehen. Es handelt sich um zwei Zitate direkter Rede: das Wort Gottes an Kain und die Prophezeiung des Jonas, und, wenn man der älteren Lesung Glauben schenken darf, um die Beischrift zur Seelenwaage. Die Art und Weise, in der Pantaleon bei der Beschriftung vorgegangen ist, ist eigentümlich. Eine Reihe von Inschriften scheinen für die Identifizierung überflüssig zu sein, etwa diejenige zu Eva und Adam in den Medaillons 2 und 3, wo der Baum mit der Schlange zwischen den Figuren als Spezifikum ausgereicht hätte. Ebenso scheinen die Inschriften CERVUS und LEONEM keine unbedingt notwendige Information zu bieten. Bei anderen nicht oder nicht ohne weiteres identifizierbaren Szenen hätte man sich eine Inschrift als Hilfe gewünscht. Beim Guten Schächer etwa, bei der Atlasfigur oder bei dem Mann mit dem Becher (?) auf dem Apsismosaik. Doch eine solche Erwartung könnte unbillig sein, denn es ist in Rechnung zu stellen, daß unsere heutigen Identifizierungsmöglichkeiten sich nur bedingt mit jenen in der zweiten Hälfte des 12. Jahrhunderts decken. Abgesehen davon aber ist zu fragen, ob die Inschriften überhaupt primär als Identifizierungshilfen zu verstehen sind. Es wäre etwa denkbar, daß sie auszeichnende Funktion haben, d. h. bestimmte Figuren oder Szenen könnten deshalb durch Beschriftung hervorgehoben sein, weil sie in erster Linie die Bildkonzeption des Mosaiks tragen sollen.

Durch die inschriftliche Identifizierung der Figuren ist für das Verständnis des vorliegenden Motivs oder der dargestellten Szene das Entscheidende noch nicht geleistet. Damit der Sinn von Motiven oder Szenen erkennbar wird, müssen sie auf die ikonographisch-literarische Tradition bezogen werden können, in der sie stehen. Wo sie durch die literarische und ikonographische Überlieferung parallel abzudecken sind, sind gesicherte Ergebnisse zu erreichen, so etwa bei der Darstellung von Kains Brudermord oder bei der Geschichte Noahs. Hier bleibt nur noch, wenn es sich um Zyklen handelt, die Frage der Auswahl, d. h. der Rückbindung in eine spezifische ikonographische Traditionslinie, und der thematischen Akzentuierung in dem vorgegebenen Spielraum.

Erste Schwierigkeiten tauchen hingegen da auf, wo die ikonographischen Daten und die literarische Überlieferung auseinandergehen. Abweichungen können u. U. eine längere ikonographische Tradition besitzen. Aus der Eigengesetzlichkeit der Bildüberlieferung wird man möglicherweise zu einer Klärung kommen können. Wo eine solche Tradition fehlt und ikonographische und literarische Überlieferung im Einzelfall nicht zur Deckung zu bringen sind, ist man auf Mutmaßungen angewiesen. So gibt es in Otranto Besonderheiten im Jonaszyklus, die singulär scheinen. Ferner ist etwa die Begegnung zwischen Salomon und der Königin von Saba durch die Bindung in die Medaillons in einer Weise verkürzt, daß nahe Analoga in der ikonographischen Tradition nicht zu erwarten sind.

Erheblich mehr Probleme bietet eine szenische Identifizierung dort, wo eine ikonographische Tradition überhaupt fehlt und die vorliegenden Bildelemente nicht oder nur teilweise aus der literarischen Überlieferung verständlich zu machen sind, so z. B. im Fall von Artus' Katzenkampf. Hier werden Detailfragen zwangsläufig unerledigt bleiben müssen.

Ins Spekulative gerät die Deutung schließlich, wo wir zwar die Figuren sichern können, wo uns aber die dargestellte Szene sowohl ikonographisch wie auch literarisch undurchsichtig bleibt. So ist zwar im rechten Seitenschiffmosaik die Figur Samuels inschriftlich gesichert, aber die Bezüge, in der er erscheint, sind nicht klar zu fassen.

Diese Verständnisprobleme potenzieren sich, wenn Inschriften fehlen und die Identifizierung der dargestellten Figuren oder Vorgänge von Grund auf geleistet werden muß. Die Basis kann dabei nur der ikonographische Typus sein. Wo er einigermaßen festliegt, wird man auch hier sicheren Boden gewinnen. So etwa beim Turmbau von Babel, bei der Vertreibung aus dem Paradies oder auch noch beim Guten Schächer. Wo der ikonographische Typus stärker variiert, wo er sich geschichtlich wandelt oder wo er in verschiedene thematische

Komplexe eingesetzt sein kann, müssen wir mit einem entsprechend großen Spielraum von Möglichkeiten rechnen. Hier wird man methodisch so vorgehen, daß man diese historischen Möglichkeiten vom Bildkontext her abzutasten sucht. Ein mehr oder weniger großer Unsicherheitsfaktor wird dabei kaum einmal auszuklammern sein.

Probleme treten nicht nur hinsichtlich individueller Figuren und spezifischer Szenen auf, sondern auch bei der gattungsmäßigen Identifizierung von Tieren und Pflanzen. Dabei ist die Unsicherheit um so größer, je schwerfälliger der Mosaizist gearbeitet hat oder je phantastischer sich die Bildwelt gibt. Bei Artus' Reittier vermögen wir nicht zu entscheiden, ob die Darstellung mißglückt ist oder ob sie verstümmelt wurde oder ob wir es mit einem Fabelwesen zu tun haben. Auch bei einer Reihe von Tierfiguren in den Medaillons der Vierung kommen wir zu keiner ganz sicheren Gattungsbestimmung. Und das gilt für eine Reihe weiterer mehr oder weniger fabulöser Tiere.

Überblicken wir die Situation, die sich uns von der Problematik der Identifizierung her darbietet, insgesamt, so ergibt sich, daß einerseits ein Bildgerüst von Figuren und Szenen faßbar wird, die ikonographisch und literarisch eindeutig festzulegen sind. Dazu stellt sich einiges, was mit einer gewissen Unschärfe im wesentlichen noch interpretierbar bleibt. Dann aber gerät man sowohl in ikonographischer wie in literarischer Hinsicht sehr schnell in einen Bereich relativ großer Unsicherheit. Diese Eigentümlichkeit, daß die Sicherheit der Interpretation rasch abnimmt, wenn man sich von den beschrifteten und eindeutigen ikonographischen Typen entfernt, hängt nicht in erster Linie an den Grenzen unserer Einsicht in den ikonographisch-literarischen Horizont der Zeit

64

– davon sind fast nur Einzelfälle betroffen –, es findet dies vielmehr seinen Grund im Charakter der Bildwelt des Mosaiks selbst: sie wechselt immer wieder unvermittelt in objektiv unspezifische Bereiche über. Dabei ist es selbstverständlich nicht immer leicht, genau zu bestimmen, wo die individuell-konkrete Zone aufhört und die unspezifische beginnt. Es gibt eine Reihe von Figuren, wo man sich im Zweifel darüber sein kann, ob sie etwas Konkretes meinen oder in der unspezifischen Bilderfülle mittreiben. So etwa bei den beiden Gestalten oben links im rechten Seitenschiffmosaik, beim vierleibigen Löwen auf dem Drachen oder bei der Eberjagd im Apsismosaik und anderem mehr.

2. Probleme der Deutung

Schon die Identifizierung von Figuren und Szenen ist bis zu einem gewissen Grad Deutung und Interpretation. Sie ist es um so mehr, je indirekter die Methoden sind, durch die man zu einer Identifizierung kommt, d. h. je mehr man anhand der ikonographisch-literarischen Materialien das spezifische Verständnis über den Bildkontext suchen muß. Weiterhin gilt: je weniger Individualität eine Figur oder Szene von sich aus besitzt, um so unmittelbarer stellt sich die Frage nach der Bedeutung. Szenen wie die Vertreibung aus dem Paradies, die Begegnung von Salomon mit der Königin von Saba oder Samsons Löwenkampf besitzen ihren Sinn in ihrer historischen Individualität, und man kann sich zunächst damit begnügen. Bei Sagittarius und Hirsch oder bei Drache und Elefant ist schon die gegenseitige Zuordnung der Medaillons nicht verständlich zu machen, ohne daß man auf die Bedeutung eingeht. Der Sagittarius etwa – zunächst ebenso ein

Gattungswesen wie der Hirsch, der Drache oder der Elefant – erhält wie diese eine gewisse Individualität erst über die spezifische Szene, in der er erscheint. Diese Szene aber ist geprägt durch die dahinterstehende Symbolik. Im Fall des Sagittarius hilft uns eine relativ gut belegte Geschichte sowohl hinsichtlich der Bild- wie der Bedeutungstradition. Größer sind die Schwierigkeiten beim Medaillon mit dem Einhorn und dem Mönch. Zweifellos liegt aber auch hier die Individualität in der besonderen Figurenkombination und ihrem spezifischen Sinn. Doch da die zugrundeliegende ikonographische Tradition umgestaltet und der Ansatzpunkt nicht mehr eindeutig zu bestimmen ist, kann man die neue Bedeutung nur als einen gewissen Spielraum von Möglichkeiten umschreiben.

Von je allgemeinerer Art also Figuren sind, um so mehr drängt sich von vorneherein die Frage nach der Symbolik auf, da sie nur über diese in einen spezifischen Sinnzusammenhang eintreten können. Diese zweite, über dem wörtlichen Sinn stehende Bedeutungsebene ist jedoch auch bei Darstellungen mit historischer Individualität in die Überlegungen einzubeziehen. Es wurde dem dadurch Rechnung getragen, daß bei der Beschreibung der Einzelmotive vorbereitend immer schon auch auf diese zweite Sinnebene hingewiesen wurde.

Als Paradefall kann die Geschichte der Arche Noah gelten. Ihr Sinn erschöpft sich nicht in dem historisch-alttestamentlichen Vorgang, sondern es kommt als weiterer sinngebender Bezug die vorausweisende Deutung der Arche auf die Kirche hinzu. Dieses sekundäre Verständnis alttestamentlicher Gegebenheiten ist prinzipiell bewußt zu halten. Die Grundlage dafür bildet die von den Kirchenvätern aus biblischen Ansät-

zen entwickelte Tradition figuraler Bezüge zwischen der israelitischen Geschichte und dem Heilsgeschehen des Neuen
Testamentes. Bei dieser figuralen Exegese ist als wesentlich zu
beachten, daß das alttestamentliche Ereignis in seiner historischen Faktizität ernst genommen wird, d.h. daß es als fak-
tisches auf ein anderes Faktum vorausweist. Man spricht unter diesem Aspekt von Typologie: das alttestamentliche
Faktum als Typus findet im neutestamentlichen Faktum als
Antitypus ein Analogon, d.h. eine Wiederholung auf höherer
Stufe. Was sich in alttestamentlicher Zeit unvollkommen
oder verschleiert ereignet, das erfährt in neutestamentlicher
Zeit seine offenbare Erfüllung. So ist die Arche, in der Noah
und seine Familie vor dem Untergang gerettet werden, eine
Figur oder ein Typus der Kirche, die die Menschheit vor dem
Verderben bewahrt, und so ist Jonas, der drei Tage im Bauch
des Walfisches verbringt, eine Figur oder ein Typus Christi;
ebenso Samson, der den Löwen zerreißt und der damit den
Descensus Christi, bei dem er den Höllenrachen sprengt, präfiguriert. Die Stufung zwischen verweisender Vorwegnahme
und Erfüllung kann bis zur typologischen Antithese gehen. So
steht der gute Schächer in antithetischer Typologie zu Adam:
dem ersten Menschen, der aus dem Paradies ausgestoßen
wurde, wird der erste Mensch gegenübergestellt, der es wieder betreten darf.[111]
Es ist also auch bei der Interpretation des Mosaiks von
Otranto nicht allein auf den historisch-kontinuierlichen
Kontext der Bilderfolge zu achten, sondern zugleich die
Möglichkeit eines figural-typologischen Brückenschlages bewußt zu halten. Es ergeben sich damit grundsätzlich zwei
Lesarten, die sich nicht ausschließen, sondern ergänzen: eine
historisch-wörtliche und eine diskontinuierlich-typologische.

Die Frage nach dem geistigen Sinn der Wirklichkeit hat in frühchristlicher und mittelalterlicher Zeit jedoch nicht bei der Geschichte, beim Verhältnis des Alten zum Neuen Testament, haltgemacht, sondern wie man annahm, daß Gott die faktische Historie auf das Heilsgeschehen hin geprägt habe, so ging man davon aus, daß die Natur auf die neutestamentlichen Ereignisse hin geschaffen worden sei, und somit auch sie Verweise auf das Heilsgeschehen in sich trage. Tiere, Pflanzen und Steine erscheinen unter dem Aspekt ihrer einzelnen Eigenschaften als Figuren der Heilsgeschichte. Dabei darf man sich nicht daran stoßen, daß die antik-mittelalterliche Naturkunde z. T. überaus fabulöse Wesen, Gegenstände und Daten für die Interpretation bereitstellte. Die Feindschaft zwischen dem Drachen und dem Elefanten ist ebenso als naturkundliches Datum zu nehmen wie die Verfolgung des Hirschs durch den Kentaur. Die tatsächliche oder vermeintlich zoologische, botanische oder mineralogische Faktizität ist grundsätzlich als Basis festzuhalten, auch wenn dann möglicherweise der figurale Sinn die entscheidende Rolle spielt.

Der Musterfall einer solchen figuralen Naturkunde ist der ›Physiologus‹, ein Tier-, Pflanzen- und Steinbuch, in dem sich Beschreibung und christliche Auslegung miteinander verbinden: im 2. Jahrhundert vermutlich in Alexandrien zusammengestellt, hat sich dieses Werk in immer neuen Abwandlungen durch das Mittelalter fortgeerbt. Es ist nicht nur in so gut wie alle mittelalterlichen Vulgärsprachen übersetzt worden und hat von da aus die Vorstellungswelt der Einzelliteraturen wie auch die bildende Kunst maßgeblich mitgeprägt, sondern sein symbolisches Denken hat die Naturanschauung noch bis weit in die Neuzeit nachhaltig beeinflußt.[112]

So sehr aber auch durch die Väterexegese oder Werke wie den

›Physiologus‹ symbolische Konnotationen festgelegt worden sind, so wenig war der figurale Sinn historischer oder naturkundlicher Fakten ein für allemal eindeutig fixiert. Es gibt nicht nur einen gewissen Spielraum in der Akzentuierung, sondern überdies konkurrierende Deutungen, wobei die Divergenzen bis zum Gegensatz gehen können. So ist es möglich, den Löwen unter einer bestimmten Eigenschaft als Figur Christi und unter einer andern als Figur des Teufels zu sehen.[113] Wenn es auch immer wieder geschieht, daß sich bestimmte Bedeutungen zu bestimmten Zeiten einspielen und sich feste figurale Bildtypen herauskristallisieren, so muß doch die prinzipielle Offenheit der Exegese davor warnen, ikonographische Materialien punktuell nach ihrer figuralen Bedeutung abzufragen. Nur aus dem Kontext ist für eine Interpretation eine gewisse Sicherheit zu gewinnen. Wo ein Kontext nicht faßbar ist, kann man nur den Bedeutungsspielraum offenlegen. Erschwerend kommt hinzu, daß wir oft zugleich mit mehreren Deutungsschichten zu rechnen haben. Entsprechend der Lehre vom mehrfachen Schriftsinn,[114] kommt neben der figuralen insbesondere die moralische Auslegung in Betracht. Jonas z. B. verweist nicht nur auf den Abstieg Christi ins Totenreich, sondern er steht damit – moralisch gesehen – zugleich auch für die christliche Zuversicht in Gefahr und Todesnot.

3. Die dekorativen Elemente

Die Deutung der einzelnen Motive des Mosaiks enthält also wie schon ihre ikonographisch-literarische Identifizierung eine Reihe von Unsicherheitsfaktoren. Es ist nicht nur immer wieder fraglich, was konkret gemeint ist, sondern es ist zudem immer wieder schwierig oder gar unmöglich zu bestimmen, welcher Bedeutungsakzent gesetzt oder welche Bedeutungsebene vorwiegend anvisiert ist. Zu diesen beiden Unsicherheitsfaktoren kommt ein dritter: er berührt sich sowohl mit den Problemen der Identifizierung wie mit denjenigen der Deutung. Es ist, wie schon gesagt, nicht unwahrscheinlich, daß für Mosaikfußböden von der Art Otrantos Musterbücher zur Verfügung standen, so daß man also auf einen ikonographischen Motivfundus zurückgreifen konnte.[115] Die Behandlung der Monatsdarstellungen zeigte, daß man dabei variiert und die Motivzusammenhänge durch Austausch, Kürzung, Ergänzung und Abwandlung neu gestaltet hat. Aber es sind bei solchen Adaptationsprozessen nicht nur bewußte Neuakzentuierungen vorgenommen worden, sondern es ist auch damit zu rechnen, daß es zu einem Zerfall der Bild-Sinn-Bezüge kommen konnte. Wenn aber bei der Weitergabe und Umsetzung von Motiven ihr ursprünglicher Sinn verloren ging, so hinderte das nicht daran, die undurchsichtig gewordenen ikonographischen Elemente weiter zu tradieren. Man konnte sie u. U. sekundär mit neuer, mehr oder weniger spezifischer Bedeutung erfüllen; viele aber wurden zweifellos als inhaltlich leere, rein dekorative Elemente fortgeerbt. Das hat zur Folge, daß es immer wieder unmöglich ist, sicher zu entscheiden, ob bei einem einzelnen Motiv noch – oder wieder – ein bestimmter Sinn intendiert ist oder ob es eher als dekorative Form zu gelten hat. Und wenn schon hinsichtlich der Intention des Mosaizisten oft keine Klarheit mehr zu gewinnen ist, so muß, was das Verständnis bei den zeitgenössischen Betrachtern betrifft, in noch höherem Maße ein Spielraum zwischen klarer Einsicht in den Sinnzusammenhang und bloß dekorativer Auffassung angesetzt werden.

Im Prinzip darf man freilich davon ausgehen, daß der Mosaizist den ikonographisch-literarischen Horizont der Gemeinschaft, für die er arbeitete, überblickte und daß zumindest sein Auftraggeber und die Schicht, zu der er gehörte, seine Bildkomposition in den wesentlichen Zügen verstand. Pantaleon hätte weder Alexanders Greifenfahrt noch den Katzenkampf des Königs Artus so pointiert eingesetzt und inschriftlich fixiert, wenn er nicht darauf hätte bauen können, daß die geistliche und weltliche Führungsschicht in Apulien wußte, worum es dabei ging.

Gerade auf dem Mosaik von Otranto kommen jedoch zu solchen durchschaubaren Motiven zahlreiche andere, die uns nicht deshalb rätselhaft sind, weil uns die zeitliche Distanz daran hindert, den Horizont, vor dem die Bildkomposition entworfen worden ist, zu rekonstruieren, sondern bei denen von vorneherein keine spezifische Bedeutung intendiert war. Pantaleon hat offensichtlich bedeutungtragende und dekorative Elemente gemischt. Selbstverständlich folgte er auch darin dem künstlerischen Brauch seiner Zeit. Das Verfahren läßt sich besonders eindringlich am Umgang mit dem ikonographischen Tierfigurenfundus vor Augen führen. Der in erster Linie durch den ›Physiologus‹ literarisch-ikonographisch vorgeprägte Komplex des mittelalterlichen Bestiariums bildete kein geschlossenes Corpus. Es war nicht nur literarisch adaptierbar und erweiterungsfähig, sondern es war auch ikonographisch einem dauernden Umwälzungsprozeß ausgesetzt: die ›Physiologus‹-Figuren mischten sich mit einem eigenständigen Strom theriomorph-dekorativer Motive, der einerseits auf antike Quellen zurückging, anderseits aber immer neu durch orientalische Einflüsse genährt wurde, wobei byzantinisch-sassanidische Textilmuster eine nicht unbedeutende Rolle spielten.[116] In dem Maße, in dem es zu dieser Vermischung kam, in dem Maße mußte das Bestiarium seine Konturen verlieren und sich seinerseits ins Dekorative auflösen, wobei freilich von der literarischen Tradition her einzelnes immer wieder zurückgerufen und mit Bedeutung erfüllt werden konnte. Die Position des einzelnen Denkmals in diesem Prozeß ist oft schwer zu bestimmen. Hat man überhaupt eine methodische Handhabe, um nicht nur zwischen dem zu unterscheiden, was uns aus Mangel an Kenntnissen undurchsichtig bleibt, und dem, was von vorneherein dekorativ gedacht war, sondern auch um jene Zwischensphäre zu fassen, in der die Elemente zwischen Bedeutung und Dekor in der Schwebe gelassen sind?

Was Otranto betrifft, so gibt es, wie gezeigt, eine Reihe eindeutiger Fälle. Einerseits insbesondere da, wo die Inschriften einen zumindest konkreten wörtlichen Sinn gewährleisten, und andererseits bei rein ornamentalen Motiven wie Ranken, geometrischen Mustern oder Füllseln der verschiedensten Art. Dazwischen aber stößt man auf eine relativ breite Zone von Elementen, die offensichtlich weder eine individuelle Bedeutung besitzen, noch aber rein dekorativ zu verstehen sind. So hat der Vergleich zwischen dem linken und dem rechten Feld des unteren Mittelschiffes deutlich gemacht, daß die nicht individuell festzulegenden Einzelmotive doch den Gesamtcharakter der beiden Felder mittragen. Eine gewisse Zahl von Motiven wiederholt sich zwar auf beiden Seiten: hundähnliche Tiere oder große Vögel, die in die Zweige des Mittelbaumes beißen, Baumkletterer u. a. m. Aber Kampfmotive finden sich nur links, das Motiv des posaunenblasenden Tierreiters findet sich in verschiedenen Variationen nur rechts. Wenn also davon auszugehen ist, daß man auf beiden

Seiten den Raum um die Hauptszenen dekorativ aufgefüllt hat, so geschah dies doch in der Sinnperspektive jener zentralen Bildkomplexe, die die Bedeutung tragen: die Welt des babylonischen Turmbaus spiegelt sich wider im Kampf zwischen Menschen und Tieren, das Thema von Alexanders Greifenfahrt klingt in der ihn umgebenden Wunderwelt nach. So kann sich denn das Dekorative mehr oder weniger deutlich an die thematischen Hauptkomplexe anlehnen und deren Sinn mitspielen, ohne daß im einzelnen eine spezifische individuelle Bedeutung gegeben sein müßte.

In den Zwischenbereich zwischen den dekorativen und den bedeutungtragenden Elementen gehören auch die Drolerien. Sie sind fast über das ganze Mosaik verstreut. Die Katze mit den zwei Schuhen links vom Wurzelballen des Mittelbaumes gehört ebenso hierher wie die spielenden Tiere um den nackten Wanderer auf dem Apsismosaik. Ihren besonderen Ort aber haben diese Drolerien im freien Feld zwischen den Medaillons, so schon zwischen den Darstellungen der Monatsarbeiten, vor allem aber dann im Vierungsmosaik. Es handelt sich also auf der einen Seite um Füllsel, die fast überall möglich sind, auf der andern aber häufen sie sich auffällig in ganz bestimmten Positionen. Es mag Zufall sein, daß sie auf den beiden Seitenschiffmosaiken völlig fehlen, aber es ist zu überlegen, ob ihnen nicht dort ein besonderer Sinn zukommt, wo sie, wie im Vierungsmosaik, einen mehr oder weniger durchgängigen Hintergrund abgeben. Man könnte an einen Gegensatz denken zwischen einer in den Medaillons relativ streng geordneten symbolischen Welt und einer unverbindlich spielerischen Tierfabelsphäre als Hintergrund. Dabei klingen einige Motive an das Thema der verkehrten Welt an. Hat hier eine durch den Medaillonsblock gehaltene Ordnung eine harmlos-phantastische Unordnung freigesetzt? Dann wäre hier die dekorative Sphäre kontrastiv einbezogen worden.

4. Fragen der Komposition

Die Materialien, die auf dem Mosaik von Otranto Verwendung gefunden haben, sind bis auf wenige Ausnahmen – die bedeutendste dürfte Artus' Katzenkampf sein – auch anderweitig zu belegen. Sie tauchen sowohl einzeln als auch in typischen Kombinationen in mehr oder weniger breiter Streuung auf. Die Monatsdarstellungen stellen von der Sache her einen geschlossenen Zyklus mit bestimmten Variationsmöglichkeiten dar. Zyklische Bilderfolgen gibt es dann vor allem im Zusammenhang biblischer Erzählungen, wo sich nicht zuletzt über die Handschriftenillustration charakteristische Szenenreihen herausbilden. Diese Zyklen sind offen, d. h. sie können erweitert oder auch auf wenige Szenen, ja auf eine einzige zentrale Episode reduziert werden. Es ist dann möglich, daß solche Einzelepisoden wiederum thematisch verwandte Szenen attrahieren, so daß sich unter einem bestimmten Aspekt neue Gruppen bilden. So hat man z. B. Jonas mit Noah in der Arche, mit Daniel in der Löwengrube und mit dem auferweckten Lazarus unter der thematischen Idee der Rettung aus Not und Tod in eine Reihe gestellt. Die Kombination kann aber auch antithetischen Charakter haben, so wenn man Jonas mit Adam und Eva konfrontierte: der paradiesische Urzustand mit Adam und Eva steht der Szene des in der Laube ruhenden Jonas gegenüber, die typologisch auf die endzeitliche Ruhe im Paradies verweist.[117]

Die ikonographisch-literarische Tradition bietet also nicht

nur Einzelmotive, sondern auch charakteristische Bildgruppierungen an. Daß Pantaleon solche Gruppierungen vorlagen, zeigen die mehr oder weniger durchgängigen Bilderzyklen seines Mosaiks: der Jonaszyklus in der Apsis und ein Genesiszyklus, der von der Vertreibung aus dem Paradies über die Kain-Abel-Szenen zur Noahgeschichte und wohl weiter bis zum Turmbau von Babel reichte. Der Genesiszyklus weist dabei eigentümliche Brüche auf: so sind die beiden Artusszenen zwischen die Vertreibung aus dem Paradies und Kains Brudermord eingeschoben, und im weiteren unterbricht die Zwölfergruppe der Monatsmedaillons nochmals den historischen Ablauf.

Auch bei der Behandlung vorgegebener Bilderzyklen und anderer Gruppierungen zeigt sich also das charakteristische adaptierende Verfahren der Mosaizisten: man übernimmt zwar gängige Materialien, aber man arbeitet in einem gewissen Variationsspielraum, man gestattet es sich, auszuwählen und zu pointieren, man hat die Freiheit, vorgegebene Kombinationen abzuwandeln, Materialien einzuschieben, neue Verbindungen und Querbezüge zu schaffen. Die entscheidende Frage dabei ist, inwieweit dies ein mehr oder weniger mechanisches Spiel mit den Bildformeln und Kombinationen der Vorlagen darstellt bzw. inwieweit mit Adaptationen zu rechnen ist, die ganz bewußt neue Akzentuierungen setzen wollen.

5. Arrangement oder Programm

Die vorstehenden methodischen Überlegungen machen deutlich, mit welchen Schwierigkeiten die Interpretation eines ikonographischen Konglomerats, wie der Fußboden von

Otranto es bietet, zu kämpfen hat: Die Möglichkeit der Identifizierung von Figuren und Szenen besitzt gewisse Grenzen. Der Sinn der einzelnen Motivkomplexe kann über verschiedene Ebenen spielen. Bei der Identifizierung wie bei der Deutung gibt es überdies eine Grenze, die nicht durch unser Unvermögen gesetzt ist, sondern dadurch, daß die Bildelemente in einen rein dekorativen Bereich hineinragen, in dem Identifizierung und Deutung keine Rolle mehr spielen. Doch diese Grenze ist nicht nur schwer zu bestimmen, sondern es gibt zudem Übergangssphären, in denen das Dekorative sich akzentuierend oder kontrastiv in bestimmte Sinnperspektiven zu fügen scheint. Und schließlich war zu bedenken, daß dem Mosaizisten nicht ein völlig ungeordneter ikonographischer Fundus zur Verfügung stand, daß er vielmehr mit vorgeprägten Motivgruppierungen arbeitete und daß seine Leistung nur dann angemessen beurteilt werden kann, wenn man den Freiraum abzuschätzen vermag, in dem er sich bei Auswahl, Pointierung und Neuordnung bewegte.

Die Detailinterpretation wird zwangsläufig so verfahren, daß sie anhand der ikonographisch-literarischen Traditionen die Möglichkeiten der Identifizierung und Deutung durchspielt, wobei sie u. U. widersprüchliche Interpretationen nebeneinander stehen lassen muß. Sie hat ferner die Bildzusammenhänge vor Augen zu führen, in denen das einzelne Motiv erscheint, und wird dadurch schon bestimmte Akzentuierungen sichtbar machen können. Nur in dem Maße freilich, in dem man mit einem durchkomponierten Gesamtzusammenhang rechnen kann, in dem Maße sind die Einzelmotive klar zu fassen und in ihrer Bedeutung festzulegen. Daß ein solcher Gesamtzusammenhang im Sinne eines durchgestalteten Bildprogramms vorliegt, ist jedoch im konkreten Fall nicht ohne weiteres zu unterstellen. Es ist ebensogut denkbar, daß es sich um ein mehr oder weniger disparates Arrangement von gängigen ikonographischen Komplexen handelt, wobei bestenfalls gewisse allgemeine Anordnungsrichtlinien mitwirken können, die ebenfalls von der Tradition bereitgestellt werden. Methodisch empfiehlt es sich jedoch zunächst, von der Hypothese eines Programms auszugehen und zu prüfen, bis zu welchem Grade Strukturen faßbar werden. Man kann sich dabei von jenen Bildkomplexen leiten lassen, die ikonographisch relativ klar zu bestimmen sind und deren Bedeutungsspielraum sich mit einiger Wahrscheinlichkeit abstecken läßt. Daß man sich dabei in einen Zirkel begibt, ist offenkundig, denn auf der einen Seite erwartet man sich von einem sinnvollen Kontext ein präziseres Verständnis der Einzelmotive, während auf der andern ein sinnvoller Bildzusammenhang nur auf der Basis von Einzelelementen evident zu machen ist, deren Bedeutung vorweg festliegt. Die Gefahren, die dieser Sonderfall eines hermeneutischen Zirkels in sich trägt, sollten nicht unterschätzt werden. Praktisch wird man so vorgehen, daß man die einigermaßen gesicherten Bildelemente als Gerüst benützt und behutsam die offenen und vagen Komplexe zuzuordnen versucht. Wenn man dann die verschiedenen Möglichkeiten der Bildkoordination anhand der konkurrierenden Einzeldeutungen durchspielt, müßten die Strukturen sichtbar werden, die für die Komposition bestimmend waren. Wenn dies nicht gelingen sollte, sähe man sich am Ende veranlaßt, die Hypothese eines Programms fallen zu lassen, und man hätte sich mit einer mehr oder weniger assoziativen Beliebigkeit des Arrangements zufriedenzugeben.

STRUKTUREN UND INTERPRETATIONSPERSPEKTIVEN

1. *Bildordnungen im Raum*

Es sind vier Prinzipien zu unterscheiden, nach denen Bildmaterialien im Raum sinnvoll geordnet werden können:

1) Das räumliche Nebeneinander kann ein zeitliches Nacheinander darstellen. Die Abfolge der Einzelbilder meint eine mehr oder weniger dicht gefügte linear durchgezogene Ereigniskette. Eine solche Folge kann sich nur auf den faktisch-wörtlichen Sinn der ikonographischen Daten stützen, denn er allein schafft einen genetisch-historischen Konnex. Man denke z. B. an fortlaufende Illustrationen zu biblischen oder profanen Erzählungen.

2) Das räumliche Nebeneinander kann thematische Parallelität bedeuten. Die aneinandergereihten ikonographischen Komplexe stehen dabei insofern parallel, als sie über etwas drittes miteinander verbunden sind. Sie bilden eine Reihe von Konkretisierungen, Varianten oder Beispielen in Hinblick etwa auf einen Allgemeinbegriff oder eine übergeordnete Idee. Man denke an Reihen von Tugenden, Propheten, berühmten Liebespaaren usw.

3) Ein räumliches Nebeneinander kann kontrastiv konzipiert sein. Es gibt oppositionelle Arrangements unter den verschiedensten Gesichtspunkten, wobei die Gegenpositionen sich wiederum in Reihen auffächern können, so daß es zu einer Kombination zwischen kontrastivem und parallelem Arrangement kommt. Einfache Beispiele: die Gegenüberstellung von Sommer und Winter, von himmlischer Liebe und irdischer Liebe. Ein komplexes Beispiel: Lasterreihen

gegenüber Tugendreihen. Es ist offenkundig, daß eine moralische Interpretation von Bildkomplexen im besonderen zu den Arrangements 2) oder 3) neigt.

4) Räumliches Nebeneinander kann einen figuralen Bezug zwischen den dargestellten Gegenständen implizieren. Diese bewahren je für sich, dem Charakter figuraler Interpretationen entsprechend, ihren faktisch-wörtlichen Sinn, während die im räumlichen Nebeneinander ausgedrückte Verbindung zwischen ihnen über eine zweite, die typologische oder allgemein figurale Sinnebene läuft. Als Musterbeispiel wäre etwa die Armenbibel anzuführen, die die neutestamentlichen Szenen mit ihren alttestamentlichen Präfigurationen in komplexen Bildzusammenhängen darbietet.

Diese vier Prinzipien der räumlichen Ordnung ikonographischer Materialien beruhen, wie sich zeigt, darauf, daß das Nebeneinander im Raum die den verschiedenen Bedeutungsebenen entsprechenden Beziehungen meinen kann: historisch-lineare Abfolge, thematische Parallelität oder Opposition und figurale Stufung. Da jeder Gegenstand für eine mehrfache Interpretation offen ist, muß damit gerechnet werden, daß die Bezüge gleichzeitig über verschiedene Ebenen laufen. Methodisch wird man deshalb in der Weise vorgehen müssen, daß man die vier Möglichkeiten durchspielt und prüft, inwieweit der Bildkomposition von den einzelnen Prinzipien her sinnvolle Strukturen abzugewinnen sind.

2. Die Bildkomposition im Mittelschiff

a) Die historisch-lineare Abfolge

Im Mittelschiffmosaik ist zunächst eine in großen Zügen durchgängige historische Linie nicht zu verkennen. Sie setzt mit der Vertreibung Adams und Evas aus dem Paradies ein und führt über die Geschichte von Kain und Abel zu den Monatsmedaillons weiter, die für die Welt nach dem Sündenfall stehen können, in der der Mensch sich arbeitend in den kosmischen Kreislauf einfügt. Es folgen der Bau der Arche, die Rettung von Noahs Familie und der Tierwelt vor der Sintflut, dann die Weinbergszene, die auf Noahs Trunkenheit zielt. Über die sich daraus ergebende Verfluchung Hams läßt sich die Verknüpfung mit dem Turm von Babel herstellen, der von Nimrod, dem Enkel Hams gebaut wird. Dieser Zusammenhang wird zwar in Otranto ikonographisch nicht explizit zum Ausdruck gebracht; doch da die Trunkenheit Noahs eine Standardszene des Noahzyklus darstellt, ist mit einiger Wahrscheinlichkeit sowohl anzunehmen, daß die Vorlage sie geboten hat, daß also ein durchgängiger historischer Zusammenhang im Hintergrund steht, wie auch, daß dieser beim Betrachter durch die Weinbergszene ins Bewußtsein gerufen wurde.[118]
Es ist denkbar, daß Pantaleon diese historische Linie noch weitergeführt hat, indem er die Zerstreuung der Menschheit, die aus dem Turmbau resultierte, als Brücke zu Alexander dem Großen verstanden wissen wollte, der die Menschheit in Ost und West als erster wieder in einem Universalreich zusammenfaßte. Könnte man den vierleibigen Löwen als Symbol Persiens auffassen, so ergäbe sich die traditionelle Welt-

reichabfolge: Babylon – Persien – Griechenland. Es wäre jedoch der monströse Löwe als Repräsentant Persiens ungewöhnlich, denn nach der einschlägigen Symbolik des Danieltraumes steht der Löwe – eigentlich die Löwin – für Babylon, während das Perserreich durch den Bären symbolisiert wird.[119] Es ist aber immerhin zu bedenken, daß der Sonnenlöwe gerade seit dem 12. Jahrhundert in Persien eine bedeutsame emblematische Rolle zu spielen beginnt,[120] zudem, daß der vierleibige Löwe als persisches Textilmuster dem Westen vermittelt wurde und daß Babylon im Mittelalter als die Stadt des Drachen galt.[121] Der Löwe auf dem Drachen könnte also die Ablösung des babylonischen Reiches durch das Perserreich bedeuten. Doch es fehlt eine Handhabe, diese Vermutungen zu sichern, und so wird man besser daran tun, den vierleibigen Löwen in der chronologischen Linie außer Betracht zu lassen und ihn jener halb dekorativen Sphäre zuordnen, die den Grundcharakter des linken Mittelfeldes mitbestimmt.

So deutlich also im Mittelschiffmosaik eine geschichtliche Linie faßbar wird, so auffällig sind die Brüche oder Sprünge, die dabei sichtbar werden. Zwischen der Vertreibung aus dem Paradies und den Kain-Abel-Szenen ist der Katzenkampf des Königs Artus eingeschoben, was historisch gesehen absurd anmuten muß. Wie sich diese Position rechtfertigt, wird noch zu überlegen sein. Der breit angelegte Komplex der Monatsmedaillons scheint zumindest optisch den historischen Zusammenhang zu sprengen. Der Noahzyklus bricht an einem Punkt ab, von dem aus die Verbindung mit dem Turmbau von Babel nicht mehr direkt gefaßt, sondern nur noch rekonstruiert werden kann. Der Schritt von Babylon zu Alexander dem Großen schließlich ist so weit, daß er ohne einen gewis-

81

sen spekulativen Brückenschlag nicht zu vollziehen ist und es folglich offen bleiben muß, ob der Makedonier noch in den historischen Zusammenhang einbezogen ist.

b) Thematische Korrespondenzen

Daß die Abfolge der Hauptszenen des Mittelschiffmosaiks nicht allein ihrem wörtlichen Sinn und damit dem geschichtlichen Zusammenhang verpflichtet ist, macht nicht nur die Brüchigkeit der Linie deutlich, sondern das legt auch die Auswahl der Szenen nahe. Die historische Ordnung scheint von einer Ordnung nach dem zweiten Prinzip, einer Ordnung unter dem Gesichtspunkt thematischer Parallelität überformt. Die Geschichte bildet einen Leitfaden, an dem sich Situationen von ganz bestimmter Art aneinanderreihen: es handelt sich offenkundig um Beispielfälle menschlicher Hybris. Am Anfang steht der Ungehorsam der Ureltern, die vom Baume der Erkenntnis aßen, weil sie sein wollten wie Gott, und dafür mit der Vertreibung aus dem Paradies bestraft wurden. Es folgt die Mordtat Kains, sie entspringt dem Neid gegenüber dem Bruder und dem Trotz gegen Gott, und von ihr aus zeugt das Böse sich fort. Gott will schließlich die Menschheit durch die Sintflut vernichten, allein Noah und seine Familie finden Gnade und überleben in der Arche die allgemeine Katastrophe. Doch Noah wird durch seine Trunkenheit zum Ausgangspunkt neuer Superbia:[122] die Nachkommen des verfluchten Ham bauen den Turm zu Babel, um zu Gott emporzusteigen, und den Abschluß der Reihe bildet Alexanders Greifenfahrt, ein weiterer Beispielfall für den Menschen, der seine Grenzen sprengen und den Himmel erobern will. Die Vertreibung der Ureltern aus dem Paradies erscheint als erste konkrete Szene an der Spitze des Mittelbaumes; damit beginnt die menschliche Geschichte, die folgerichtig in der Perspektive des Sündenfalls abläuft: sie gibt sich als eine Katastrophenfolge aufgrund immer neuer menschlicher Überheblichkeit. Auf die für den Genesiszyklus charakteristische Darstellung der Schöpfung wird verzichtet, stattdessen die Natur unter dem Aspekt des sündigen Menschen als Zyklus seiner Monatsarbeiten eingebaut. Ebenso wird der neue Bund Gottes mit Noah übergangen und an seiner Stelle die Weinbergszene geboten, an die sich der Turmbau anschließt, der dann wiederum durch Alexanders Greifenfahrt parallelisiert erscheint. Der geschichtliche Prozeß, der vom ersten Akt der Superbia ausgeht, mündet damit in der unteren Hälfte des Mittelschiffmosaiks breit in jenen dämonisch-phantastischen Bereich ein, der sich um den Turmbau und Alexander den Großen entfaltet. Dieses Ende in einer Welt des Grausig-Grotesken und des Zauberisch-Bizarren, verstanden als Fortzeugung der Ursünde, läßt den historischen Prozeß geradezu als invertierte Heilsgeschichte erscheinen. Dies hat offenbar auch raumsymbolisch seinen Ausdruck gefunden: die geschichtliche Bewegung läuft gegen die gewohnte Orientierungsrichtung im Kirchenraum, d.h. sie führt nicht von West nach Ost, nicht vom Eingang zum Altar hin, sondern von Ost nach West, vom Altar weg.

Wenn damit demonstriert werden sollte, daß Geschichte als linearer Zusammenhang schlechte Geschichte, durch Hybris invertierte Heilsgeschichte ist, dann müßte das die Anweisung in sich schließen, die Geschichte sozusagen gegen den Strich zu lesen, denn ein Sinn könnte sich in diesem Fall nur quer zur Geschichte einstellen.

Es ist somit als nächstes die ikonographische Linie – unter dem Aspekt des dritten Ordnungsprinzips – auf ihre Bruchstellen hin zu überprüfen und die Möglichkeit kontrastiver Bildkomplexe ins Auge zu fassen.

c) Thematische Oppositionen

Am auffälligsten unter dem Blickwinkel des dritten Ordnungsprinzips ist zweifellos der Noahzyklus. Die Sintflut steht zwar historisch verbindend zwischen der Kainstat und dem babylonischen Turmbau, aber der Bildkomplex der Arche erscheint dabei durch die Schriftbalken vom Vorausgehenden und Nachfolgenden markant abgesetzt. Er bildet geradezu einen horizontalen Riegel in der geschichtlichen Längsachse. Die Weinbergszene, die historisch weiterführt, steht außerhalb. Thematisch gesehen bedeutet das: die Sintflut gehört zwar in den Zusammenhang der Superbia, doch Noahs Arche hebt sich als Ort des Heils aus ihm heraus. Denn auch wenn sich die Weltgeschichte als eine Folge von Katastrophen darstellt, ist es, wie Noahs Arche zeigt, möglich, den Lauf des Bösen und des Verderbens zu durchbrechen und Gottes Gnade zu erlangen. Je mehr man diesen Aspekt des Noahzyklus heraushebt, um so härter wird der Kontrast gegenüber der Welt Babylons und der Welt Alexanders.

Doch es erscheint nicht nur der im Auftrag Gottes handelnde Noah im Gegensatz zum überheblichen Turmbau und zur vermessenen Greifenfahrt, sondern diese beiden Beispielfälle menschlicher Superbia stehen unter sich wiederum in einer gewissen Opposition. Das wird besonders augenfällig im je verschiedenen Verhältnis des Menschen zur Natur.[123] Noah baut seine Arche, um auf Gottes Befehl nicht nur seine Familie, sondern auch von jeder Tierart ein Paar aufzunehmen. Die Tiere versammeln sich friedlich in der Arche. In der Welt des babylonischen Turms stehen sowohl Mensch und Tier wie auch die Tiere unter sich in einem tödlichen Kampf. Alles mordet sich gegenseitig. Die ganze Natur befindet sich in einem Zustand der Selbstzerfleischung. Die Welt Alexanders dagegen ist weniger grausig als märchenhaft-wunderbar, das Verhältnis von Mensch und Tier erscheint im großen ganzen friedlicher. Alexanders Greifengespann setzt den entscheidenden thematischen Akzent: hier stellt sich die Fähigkeit des Menschen dar, mit Geschick und Klugheit die Tierwelt zu zähmen oder mindestens zu überlisten. Das Motiv wiederholt sich in den Pferde-, Fisch- und Vogelreitern. Die Hybris der Alexanderwelt beruht also weniger als die babylonische auf massiver Macht, Gewalt und Unbeherrschtheit, sie zielt vielmehr mit Klugheit und Vernunft darauf, die Natur in den Dienst des Menschen zu zwingen. Dem entspricht der Unterschied der charakteristischen Attribute. Wie die Waffe die babylonische Welt kennzeichnet, so versinnbildlicht die Posaune die Alexandersphäre. Dem Werkzeug der Gewalttat ist das Musikinstrument gegenübergestellt, es ist Symbol des Zaubers und der Bezauberung in einer wunderbaren Welt. Das Blasinstrument gilt im Gegensatz zur Harfe oder zur Kithara insbesondere als Mittel der Magie und der Verführung.[124] Zu Noah auf der anderen Seite gehört das Handwerksutensil, Zimmermannswerkzeuge und Rebbaugeräte. Damit schließt sich Noahs Tätigkeit an die Arbeiten an, die in den Monatsmedaillons dargestellt sind. Er fügt sich der von Gott gesetzten Ordnung der Natur. Das bedeutet: der Mensch, der sich den natürlichen Bedingungen der Schöpfung unterwirft, bewegt sich, trotz des Sündenfalls, im Gesetz Gottes. Wer hingegen die Naturordnung überschreitet, wer eigenmächtig zum Himmel aufzusteigen versucht, sei es in Form babylonischer Vermessenheit oder sei es in Form der

Alexanderhybris, ist zum Scheitern verurteilt. Wo Ionathas und Pantaleon ihre Position sehen, wird daraus ersichtlich, daß sie ihr Tun über die Werkinschrift mit dem Thema des Archebaus verbinden.

Während also die historische Linie vom Altar wegführt und in der Welt Babylons und Alexanders endet, so wird demjenigen, der in die Kathedrale eintritt, ein Weg angeboten, der gegen die das Böse fortzeugende Geschichte läuft und, indem er diese aufbricht, zum Altar hinlenkt. Es handelt sich nicht um einen äußeren, sondern um einen inneren Weg, um einen Weg der Erkenntnis, der sich quer zum geschichtlichen Ablauf auf der zweiten Sinnebene mithilfe von Korrespondenzen und Oppositionen aufbaut. Dabei gelangt man über zwei Varianten menschlicher Überheblichkeit zur Arche, in der Noah durch göttliche Gnade die Sintflut zu überleben vermochte, und man wird von da aus zu einer nach Gottes Gebot geordneten Natur weitergeführt.

Der Baum in der Mitte des Mittelschiffs kann als Orientierungslinie verstanden werden. In ihm ist der Erkenntnisprozeß als Aufstieg symbolisiert. Dabei darf jedoch nicht übersehen werden, daß auch der Baum doppeldeutig ist. Er wächst aus der Welt der Superbia empor, stößt dann durch den Noahzyklus und den Komplex der Monatsmedaillons durch, und an seiner Spitze findet sich die Vertreibung aus dem Paradies. Es ist ansprechend, wenn CHIARA SETTIS FRUGONI als ikonographisch-thematischen Hintergrund die Arbor Mala, das Motiv des Lasterbaumes sieht, der aus der Superbia entspringt.[125] Die Superbia verbindet den Sündenfall Adams und Evas mit dem babylonischen Turmbau und der Greifenfahrt Alexanders. Auf der andern Seite wachsen zwar die Äste des Baums auch in den Bereich Noahs hinein und durchdringen sie die Monatsmedaillons – die Erbsünde ist allgegenwärtig –, aber auf der Höhe der Arche ist eine Axt in den Baum geschlagen. Der Signalcharakter dieses Motivs kann schwerlich verkannt werden. Es deutet darauf hin, daß hier die Kontinuität des Bösen gebrochen worden ist. Der Baum ist also einerseits Arbor Mala und anderseits Orientierungshilfe für einen Weg, auf dem der Fluch der Ursünde überwunden werden kann.[126]

d) Typologische Querbezüge

Schon unter der Perspektive der thematischen Opposition erwies es sich als notwendig, die Arche Noah nicht nur als historischen Beispielfall für die Rettung des gottgefälligen Menschen aufzufassen, sondern sie zugleich als Figur der Kirche zu verstehen. Der babylonischen Zerstreuung und dem auf weltlicher Macht beruhenden Universalreich Alexanders steht die Ekklesia als universale Gemeinschaft der Gläubigen gegenüber. So überlagern sich hier schon die dritte und die vierte Perspektive.

Die Opposition zwischen Sündenverfallenheit und Erlösung erscheint verschärft als typologische Antithese bereits im Ansatz: zu Beginn der Bilderreihe an der Spitze des Baumes ist die Vertreibung des Urelternpaares mit der Rückkehr des Guten Schächers ins Paradies zusammengestellt. Der Sündenfall ist der Ausgangspunkt des geschichtlichen Prozesses; er ist zugleich die mythisch-existentielle Begründung für die Möglichkeit menschlichen Widerstandes gegen Gott und eines gebrochenen Verhältnisses zur Natur. Doch als Ursituation menschlicher Hybris und als Ausgangspunkt eines negativen historischen Prozesses trägt er heilsgeschichtlich schon die antitypische Verheißung in sich. Adam verweist typologisch auf Christus, der durch seine Opfertat die Rückkehr ins Paradies erwirken wird. Und dies wird dann typologisch noch einmal explizit durch die Figur des Guten Schächers ins Bild gebracht. In der Spitzenposition des Mittelschiffs erscheint also ein Szenenpaar, das Schuld und Erlösung zugleich umschließt. Der Beginn der Geschichte wird in antithetischer Typologie mit dem Ende der Geschichte, der Verlust des Paradieses mit der Rückkehr ins Paradies zusammengesehen. Das Bildpaar: Vertreibung aus dem Paradies/ Rückkehr des Guten Schächers bietet damit den Schlüssel zu sämtlichen vier Perspektiven: die historische Linie geht vom Sündenfall aus; und damit ist zugleich die zweite, die thematische Perspektive angesetzt. Für den aufsteigenden Erkenntnisweg der dritten Perspektive enthält das Szenenpaar die Verheißung, daß die durch die Sünde geprägte Geschichtlichkeit aufgehoben werden kann: die Hybrislinie wird durch das Kreuz gebrochen, der reuige Schächer darf das Paradies betreten. Die Arche als Figur der Ekklesia gründet damit in einem heilsgeschichtlichen Zusammenhang, der in seinem Ansatz bei der Vertreibung des Urelternpaares aus dem Paradies schon auf die Erlösung und Rückkehr angelegt ist.

Es stellt sich die Frage, ob die typologische Perspektive nicht auch für die Szenen zwischen dem Sündenfall und der Sintflut sinngebend sein könnte. In Artus' Katzenkampf und in der Geschichte von Kain und Abel liegen wiederum Doppelszenen vor. Dem Brudermord Kains geht das Opfer voraus, bei dem die Gaben Abels von Gott angenommen, diejenigen Kains aber verworfen werden. Der Gott Wohlgefällige unterliegt dann dem bösen Bruder; dem Bösen ist in der Welt der Sünde die Macht über das Gute gegeben: das ist die historische Perspektive. Zugleich könnte aber auch hier der typologische Aspekt mitspielen: nach traditioneller figuraler Exegese weisen sowohl Abels Opfer als auch sein Tod auf das Kreuzesopfer Christi voraus.[127] Neben der geschichtlichen Linie: Sündenfall – Brudermord – Arche in der Sintflut, gibt es also die typologische Reihe: Rückkehr ins Paradies – erlösender Opfertod – Kirche.

Es bleibt das Rätsel des Katzenkampfes des Königs Artus. Wie fügt er sich in diesen auf mehreren Ebenen laufenden Zusammenhang? Er scheint aus der historischen Linie herauszufallen, es sei denn, Artus sollte als Vorzeitkönig irgendwie dem Zeitraum des Alten Testaments zugeordnet werden. Artus stellte sich dann neben Abel, wobei er wie dieser vom Bösen überwältigt wird. Die thematische Parallelität reicht aber in eigentümlicher Weise weiter in die Vorgeschichte des tragischen Geschehens hinein. Es sei daran erinnert, daß der Fischer auf dem Genfer See für sich selbst nimmt, was er Gott versprochen hat, und daß er zur Strafe dafür von der Katze verschlungen wird. Ein analoges Vergehen spielt in der Geschichte von Kain und Abel eine Rolle. Die Bibel gibt zwar keinen Grund dafür an, daß Gott Kains Opfer verworfen hat. Im Zusammenhang von Abels Opfer wird jedoch erwähnt, daß dieser Gott die Erstlinge seiner Herde dargebracht habe (Gen. 4, 4). Da eine entsprechende Bemerkung bei Kains Opfer fehlt, haben die Exegeten unterstellt, daß Kain das Beste seiner Ernte für sich behalten und Gott nur die Abfälle angeboten habe.[128] Selbstsucht erscheint damit hier wie dort als die Wurzel des Bösen. Die Guten aber, die in dieser Welt neben den Bösen zu leben haben, wie Abel, oder sich gegen das Böse stellen, wie Artus, gehen unter. Das Böse erscheint übrigens in beiden Zusammenhängen in Gestalt von Ungeheuern. Der menschenfressenden Katze aus dem Genfer See entsprechen die Monstren, die aus Kains Geschlecht hervorgehen.[129] Die dämonische Tierwelt im unteren Mittelschiffmosaik ist historisch-genealogisch damit letztlich in kainitischer Perspektive zu sehen. Man darf weiterhin anführen, daß von Kains Nachkommen Tubalkain die Waffen und Jubal die Musikinstrumente erfinden (Gen. 4,20f.).[130] Es sind dies, wie dargestellt, die spezifischen Attribute, die die Sphären Babylons und Alexanders mit charakterisieren.

Man wird vielleicht zögern, die Verbindung im Hintergrund zwischen der Vorgeschichte der Katze und der Exegese des Kainsopfers ohne weiteres nachzuvollziehen, denn nichts davon ist ins Bild gebracht. Man müßte voraussetzen, daß das Motiv des Katzenkampfes die Vorgeschichte des Fischers und das Kainsopfer die erwähnte Exegese mehr oder weniger zwangsläufig evoziert hätten. Da wir nicht einmal wissen, in was für einer Version Artus' Katzenkampf in Süditalien bekannt war, muß das Hypothese bleiben. Damit sieht man sich auf die ikonographisch-thematischen Korrespondenzen zwischen den szenischen Komplexen an der Spitze des Mittelschiffmosaiks zurückverwiesen. Formal liegen drei Doppelszenen vor, die zu einem geschlossenen Verständnis drängen: der Vertreibung aus dem Paradies steht die Rückkehr des ersten Begnadeten gegenüber. Dem guten Abel, dessen Opfer von Gott angenommen wird, ist der Mörder Kain entgegengesetzt, dem Ausritt des sieggewohnten Königs folgt der Tod im Kampf mit der Katze. Der Sündenfall der Ureltern stellt zweifellos die Perspektive für die nachstehenden Episoden und ihre Bedeutung: dem Bösen ist die Macht gegeben, das Gute in dieser Welt zu zerstören; das zeigt sich im Tod Abels wie im Tod des Königs Artus. Doch dahinter steht die Verheißung einer Rückkehr ins Paradies, die Verheißung des endgültigen Sieges über das Böse. Die Idee, auf die diese Parallelisierung zwischen den Kain/Abel- und den Artusszenen letztlich hinzielt, entbehrt damit – auch wenn sie in der Bildlichkeit stecken bleibt – nicht einer gewissen Kühnheit: die Korrespondenz zwischen Artus und Abel legt auch eine typologische Analogie nahe. Wenn Abel als Figur Christi dem Bösen – vorläufig – unterliegt, dann wird Artus in diese Perspektive mit einbezogen.[131] Die merkwürdige Ähnlichkeit zwischen dem Opfertier Abels und der vor Artus hochgestellten Katze wäre, wenn sie Absicht und nicht Ungeschicklichkeit ist, als Signal aufzufassen: Artus will die Katze ›darbringen‹, so wie Abel sein Tier opfert, und beide gehen dabei zugrunde.

Es ist daran zu erinnern, daß die Darstellung des Königs Artus singulär ist und daß insbesondere der Ritt auf dem seltsamen Tier unterschiedliche Deutungen zuläßt. Aus der Parallelität zur Kain/Abelgeschichte scheint sich jedoch, wie immer man das Reittier bestimmen mag, eine positive Interpretation zu ergeben. Ist diese Parallelität aber wirklich zwingend? Wäre es nicht möglich, den Katzenkampf als weiteres Superbia-Exempel aufzufassen und damit negativ zu deuten? Artus wäre dann eine Parallelfigur zu Alexander dem Großen, also ein König, der seine eigene Kraft überschätzt und an seiner Vermessenheit zugrunde geht. Es ergäbe sich eine negative Linie: Sündenfall – Artus – Kainstat. Einer solchen Interpretation stehen zwei Argumente entgegen:

1) Wenn die Katzenkampfszenen sich auf die uns überlieferte Sage beziehen, und das wird man nicht in Abrede stellen können, ohne völlig ins Spekulative zu geraten, so tritt Artus gegen ein dämonisch-mörderisches Ungeheuer an. Dieses Unternehmen trägt in keiner der uns überlieferten

Varianten einen negativ-kritischen Akzent, wie ja der Untierkampf sagengeschichtlich überhaupt als die heroische Tat par excellence erscheint. Wenn wir also nicht unterstellen wollen, daß es eine süditalienisch-normannische Version gab, in der Artus verteufelt wurde, und dazu haben wir keinen Anlaß, so können wir nur davon ausgehen, daß der zeitgenössische Betrachter die Szene in positivem Sinne verstanden hat.

2) Die Artussage muß bei den süditalienischen Normannen nicht nur bekannt gewesen sein, sondern dürfte auch eine nicht ungewichtige, vermutlich stammesgeschichtliche Rolle gespielt haben. Die Anglonormannen haben die bretonische Sagengestalt bekanntlich für sich usurpiert, nicht zuletzt, um eine Gegenfigur zum französischen Karl zu schaffen.[132] Die Auswanderer haben die Artussage nach Süditalien mitgebracht oder sie sich über spätere Kontakte mit dem Mutterland angeeignet.[133] Das Motiv des wiederkehrenden Artus ist sogar in Sizilien neu lokalisiert worden, es gibt die Sage von dem im Ätna schlafenden Bretonenkönig.[134] Nur wenn Artus für die Normannen von einer gewissen Bedeutung war, konnte man die Figur in einer so pointierten Position im Mosaik von Otranto anbringen. Wenn man annimmt, daß Artus dabei verteufelt worden ist, so müßte man voraussetzen, daß der süditalienische Klerus sich dezidiert gegen die normannische Stammessage gestellt hätte. Das ist bei der engen Bindung der normannischen Kirche an den sizilianischen König jedoch kaum denkbar.

Je weniger man sich aber einer positiven Interpretation des Königs Artus und seines Katzenkampfes verschließen kann, um so mehr muß sich die Analogie zu Abel mit allen ihren Implikationen aufdrängen. Zwischen dem Sündenfall der Ureltern und der Arche als Präfiguration der Kirche stehen dann korrespondierend Abel, der nach dem gottgefälligen Opfer vom bösen Bruder getötet wird, und Artus, der sich zum Kampf gegen die dämonische Katze aufmacht und unterliegt. Opfer und Selbstopfer begründen, die Tat Christi präfigurierend, die Möglichkeit der Wende zum Heil.

e) Heilsgeschichte und politische Aktualität

Auf dem Mosaik von Otranto erscheint als erste Figur der Menschheitsgeschichte nach der Vertreibung Adams und Evas aus dem Paradies Artus, der Vorzeitkönig der normannischen Stammeshistorie. Er geht im Kampf gegen das Böse unter, so wie Abel in der sich anschließenden Szenenfolge dem bösen Bruder Kain unterliegt. Das normannische Königtum wird damit in jenen heilsgeschichtlich-mythischen Ursprung rückgebunden, in dem das Gute und das Böse gegeneinander aufbrachen. Diesem Beginn der Geschichte steht am Ende der historischen Linie Alexander der Große gegenüber, der mit seinem Greifengespann den Himmel herausfordert. Das Böse, das sich nach dem Sündenfall in der Katze und in Kain manifestierte, führt schließlich zur Alexanderhybris. Artus und Abel gehen unter, die Geschichte mündet in den scheinbaren Triumph Alexanders des Großen. Heilsgeschichtlich-typologisch ist jedoch schon mit dem Sündenfall die Erlösung im Blick, der opfernde und sterbende Abel ist Figur Christi, Noahs Arche als Präfiguration der Kirche bricht die Geschichte menschlicher Superbia. König Artus gehört in diese Perspektive: er ist am Beginn der geschichtlichen Linie gegen ihren profanen Endpunkt, Alexanders Greifenfahrt, gesetzt.

Das Bild Alexanders des Großen in der historiographisch-literarischen Tradition ist schillernd. Wie dargelegt, gilt im Westen die Greifenfahrt des Makedoniers überwiegend als Bild menschlicher Vermessenheit, während im byzantinischen Bereich eine positive Auffassung vorherrscht: der Kaiser von Byzanz verstand sich als neuer Alexander, und er hat sich dabei gerade im Bild des Greifenfahrers dem zum Himmel fahrenden Christus angeglichen.[135] Es kann somit kaum ein Zweifel darüber bestehen, daß man in Süditalien in der zweiten Hälfte des 12. Jahrhunderts im himmelfahrenden Alexander den griechischen Kaiser mitgesehen hat, und wenn man den Makedonier in dieser typischen Pose an das Ende der vom Sündenfall ausgehenden Hybrislinie stellte, so traf man damit den byzantinischen Erbfeind. Die Erinnerung an den eineinhalb Jahrhunderte währenden Kampf gegen die Griechen war noch lebendig, der letzte byzantinische Einfall in Apulien lag 10 Jahre zurück, der Friedensschluß von 1158 vermochte dies ebensowenig auszulöschen, wie man erwarten konnte, daß damit die Bedrohung ein für allemal beseitigt sei. Gegenüber dem als Superbia apostrophierten theokratisch-imperialen Anspruch von Byzanz haben die süditalienischen Normannen, wie das Mosaik von Otranto zeigt, die eigene historische Position über ihren Vorzeitkönig in ganz anderer Weise in die Heilsgeschichte eingebaut: Artus wird demonstrativ mit Abel/Christus zusammengestellt, und er korrespondiert damit kontrastiv mit dem Endpunkt der Geschichte, mit Alexander dem Großen. Der Effekt, der in dieser Pointierung liegt, ist kaum mißzuverstehen: das politische Moment hinter dem Bildarrangement muß programmatisch durchschlagen. Dabei versteht sich die politische Spitze aus einem in ganz bestimmter Weise ikonographisch formulierten Verhältnis von Geschichte und Heilserwartung. Die Normannengeschichte beginnt mit dem Opfertod ihres Königs, sie ist ausgerichtet auf die Kirche. Man begreift damit die eigene Position – kirchlich und stammesgeschichtlich-weltlich – als eine, die aus dem der Superbia verfallenen Weltlauf herausgehoben ist. In der vermessenen Himmelfahrt Alexanders dagegen, und das heißt im byzantinischen Imperium, kulminiert die Linie des Sündenfalls. Von dieser Welt der Hybris setzt man sich ab, und dies gerade auch dann, wenn man ihrer Gewalt – vorläufig – unterliegt, so wie Abel dem Bruder und Artus jener am Himmelfahrtstage gefangenen Katze unterliegen. Dabei besitzt die Niederlage Konnotationen, die sie in die Perspektive des heilbringenden Opfers hinüberspielen.

3. Die Bildkomposition in der Apsis und in den Seitenschiffen

Das Apsismosaik bietet nur zwei sicher identifizierbare Bildkomplexe. Es sind wiederum alttestamentliche Szenen, doch wird hier keine historische Linie sichtbar. Die Szenen führen vielmehr die Bilderreihe unter vorwiegend typologischem Aspekt fort. Es handelt sich jedoch nicht mehr um Szenen, die die Übermacht des Bösen darstellen, nicht um Figuren des Opfertodes Christi, sondern um Präfigurationen seines Sieges über die Hölle. Rechts der Jonaszyklus: Jonas, der drei Tage im Bauch des Untiers verbringt, verweist auf die drei Tage Christi im Grabe; seine Rettung präfiguriert die Auferstehung. Links Samson, der den Löwen zerreißt: er präfiguriert Christus, der den Höllenrachen sprengt.

Vielleicht darf man die Eberjagd thematisch hier anschließen: nach der gängigen Symbolik, die auf der Allegorese von Psalm 79,14 beruht, steht sie für den Kampf mit dem Teufel. In moralischer Interpretation verweist der Eber auf den Superbus, was das große historische Thema des Mittelschiffmosaiks weiterführen würde.[136]

Doch Jonas, den man ins Meer wirft, und Samsons Löwenkampf stehen seitlich rechts und links, und beide Szenen sind von außen zu betrachten; überdies ist die Episode, in der Jonas ans Land gespien und gerettet wird, auffälligerweise ausgespart. Im Zentrum aber und von vorne gesehen erscheint der Prophet, der Ninive den Untergang verkündet. Auf einer Buchrolle wird die bedrohliche Weissagung im Wortlaut vorgewiesen. Neben ihm und über ihm, also in zentraler Stellung, die Posaunenbläser, die vielleicht zur Buße oder wohl eher zum Gericht rufen, während die Toten aus den Gräbern steigen. Damit sind die Akzente neu gesetzt. Christus hat zwar die Hölle überwunden, Jonas wird gerettet und Samson zerreißt den Löwen, aber die Heilstat mündet in den Aufruf, Buße zu tun, und öffnet den Blick auf das Gericht. Der sterbende Abel findet in der Apsis zwar in Jonas und Samson positive Kontrastfiguren, aber das Königsbild erscheint in einer neuen Variante; dem oppositionellen Paar Artus-Alexander ist eine dritte Figur gegenübergestellt: der König von Ninive, der seine Kleider zerreißt und Buße tut. Die Geschichte öffnet sich der eschatologischen Perspektive. Die Heilsgewißheit schlägt um in die drängende Mahnung, sich zu wandeln und sein Leben zu ändern.

Nachdrücklich und explizit wird die eschatologische Perspektive im linken Seitenschiffmosaik weitergeführt. Hier steht auf der einen Seite das Paradies mit den drei Patriarchen und dem Hirsch, auf der andern die Hölle mit Hades, Satan, Teufeln und Verdammten.

Schwierigkeiten macht die Interpretation des rechten Seitenschiffmosaiks. Wir haben nur dürftige Anhaltspunkte, um sein Bildmaterial in den Gesamtzusammenhang einzuordnen. Wenn die Vermutung richtig ist, daß die Atlasgestalt auf der Spitze des Baumes das Weltwissen symbolisiert, so liegt es nahe anzunehmen, daß in der Prophetenfigur rechts das Heilswissen zum Ausdruck gebracht ist. Samuel, die einzige sicher identifizierbare Gestalt, ließe sich als Begründer des israelitischen Königtums dazustellen. Er weist auf den Stamm Davids, aus dem der Erlöser hervorgehen wird. Der Löwe, der den Drachen schlägt, ist vielleicht in entsprechender Perspektive zu interpretieren: er kündigt den Sieg über die dämonische Sphäre an.

Bei aller Zurückhaltung, zu der insbesondere die Unsicherheiten bei der Interpretation des rechten Seitenschiffmosaiks zwingen, darf man also wohl sagen, daß in der Apsis die geschichtlich-typologische Perspektive in Prophetie und Eschatologie umschlägt und daß die beiden Seitenschiffe diese zwei Aspekte getrennt wieder aufnehmen.

Wenn man die ikonographische Strategie in dieser etwas abstrakten Form herausarbeitet, so sollte man jedoch nicht übersehen, daß die positiven Seiten des prophetisch-eschatologischen Ausblicks keineswegs in beruhigt-distanzierter Schematik dargeboten werden. Die dämonische Tierwelt taucht in der Tiefe unter dem Paradies der Patriarchen auf, und die prophetischen Figuren rechts bilden nur die Spitze eines Bildbereiches, der jenen Monstren und Fabelwesen überlassen ist, die auch das untere Mittelschiffmosaik bevölkern. Die Spannung zwischen der theriomorph-bedrohlichen

Sphäre und der Welt des Heils reicht in die Endzeitvision hinein. Die Geschichtsmetaphysik findet ihren aktuellen Sinn letztlich in der persönlichen Entscheidungssituation.

4. *Die Bildkomposition des Vierungsmosaiks*

Die Analyse des Vierungsmosaiks ist mit Absicht bis zum Schluß zurückgestellt worden. Es bildet offensichtlich einen geschlossenen Zusammenhang von eigenem Gepräge. Man wird zunächst nach seiner inneren Struktur fragen müssen, um dann zu überlegen, ob und wenn ja, in welcher Weise es sich in den Rahmen der Gesamtkomposition einfügt.

Die generellen Interpretationsprobleme erscheinen hier in verschärfter Form. Es stehen vier individuelle Figuren – Adam und Eva; Salomon und die Königin von Saba – im Medaillonblock eines Bestiariums, wobei dessen Tierfiguren wiederum von sehr unterschiedlicher Spezifität sind. Bei einzelnen ist die Bedeutung einigermaßen klar festzulegen, bei andern bewegen wir uns in einem relativ großen Spielraum, bei einer dritten Gruppe stoßen wir schon bei der Gattungsbestimmung auf Schwierigkeiten. Es besteht auch hier nur dann eine Chance, interpretatorisch weiterzukommen, wenn man voraussetzen darf, daß der Mosaizist nach einem Kompositionsplan vorgegangen ist, und wenn es gelingt, dessen Beziehungsgefüge aufzudecken. Die folgenden Überlegungen gehen von der Hypothese einer solchen planvollen Ordnung aus.

Als Zugang bietet sich die Sündenfallszene in der Mitte der ersten Medaillonreihe an. Mit ihr wird der Ausgangspunkt der historischen Linie des Mittelschiffmosaiks und der Angelpunkt des typologischen Ansatzes wieder aufgenommen.

98

Wenn auch das Vierungsmosaik eine sinnvolle Bildkomposition darstellt, wird man diese Wiederholung des Adam/Eva-Themas als Einstiegssignal auffassen dürfen. Entlang der Mittelachse aufsteigend finden sich weitere oppositionelle Bildpaare: Drache und Elefant, Sagittarius und Hirsch. Ihre Bedeutung ist – wie ausgeführt – aufgrund der Kontraststellung der einander zugeordneten Figuren relativ genau festzulegen:

Die Feindschaft zwischen Drache und Elefant ist in der antik-mittelalterlichen Zoologie notorisch. Die Darstellung des ›Physiologus‹ bietet darüber hinaus eine Verknüpfung mit Adam und Eva, die hier von Bedeutung sein könnte. Nach dem ›Physiologus‹ ist der Elefant ein keusches Tier. Wenn er Junge haben will, begibt er sich mit dem Weibchen in die Nähe des Paradieses. Dort findet sich die Wurzel Mandragora. Das Weibchen frißt zuerst davon und bringt dann das Männchen dazu, daß es ebenfalls von der Wurzel kostet. Daraufhin vereinigen sie sich. Wenn das Weibchen dann gebären will, stellt es sich in einen großen See, um die Jungen vor dem Drachen zu schützen, der ihnen nachstellt. Das Elefantenpaar verweist figural auf Adam und Eva, die keusch im Paradies lebten, bis sie von der verbotenen Frucht aßen; dann wurden sie hinausgestoßen in den See der weltlichen Lust, wo Eva Kain zur Welt brachte. Aus diesem See aber hat Christus dann den Menschen hinausgeführt usw.[137]

Hinter der Opposition Drache – Elefant im Vierungsmosaik steht also möglicherweise der spezifische Sinnzusammenhang, den die ›Physiologus‹-Tradition bietet. In diesem Fall würde die Adam/Eva-Thematik in Form figuraler Naturdeutung weitergeführt und damit ein Übergang zwischen der biblischen Einstiegsszene und dem Bestiarium geschaffen.

Die im hohen Mittelalter prägnante Symbolik von Sagittarius und Hirsch schließt sich thematisch an: über dem Elefant, der in dieser Welt vom Drachen bedroht ist, steht der Hirsch als Bild der vom Bösen verfolgten, dem Jenseits zustrebenden Seele.

Es bietet sich an, von hier aus nochmals einen Blick auf die übrigen Hirschdarstellungen des Mosaiks zu werfen. Die gerettete Seele erscheint wieder als Hirsch im Paradies; der vom Drachen umschlungene, gefangene Hirsch im Apsismosaik kann als kennzeichnend für die alttestamentliche Situation gelten; in der Welt des babylonischen Turms erscheint der Hirsch zu Tode getroffen durch den Pfeil einer weiblichen Figur: es ist vermutlich Diana, die Führerin der heidnischen Dämonenwelt.[138] Die unterschiedlichen Aspekte, unter denen die einzelnen Teile des Mosaiks konzipiert sind, scheinen sich in der wechselnden Hirschsymbolik zu spiegeln.

Wenn man entlang der mittleren oppositionellen Medaillonpaare aufsteigt, ergibt sich also ein sich fortspielender thematischer Zusammenhang: vom Sündenfall aus gelangt man zu der durch Drachen und Elefant figural dargestellten Existenz des Menschen in dieser Welt und weiter zur Hirschjagd als Bild der Bewegung, die zum Paradies zurückführt.

Noch einmal sieht man sich versucht, die äußeren Medaillons der Reihen 1–3 den negativen bzw. positiven Figuren der Mittelachsenpaare zuzuordnen. Aber wenn auch auf der rechten Seite der Mönch, der durch seine Keuschheit das Einhorn zu bezähmen vermag, eine prägnant-positive Interpretation erlaubt und das Dromedar links als Symbol der Luxuria möglicherweise das negative Gegenbild dazu darstellt, so sind im übrigen doch die Identifizierungsschwierigkeiten zu groß oder die Bedeutungsspielräume zu weit, als daß dies überzeugend gelingen könnte. Wenn überhaupt eine thematische Zuordnung intendiert ist, so könnte es sich bestenfalls um eine vag akzentuierende dekorative Ergänzung handeln. Gerade dadurch muß aber die präzise Symbolik der drei Mittelachsenpaare um so schärfer hervortreten.

Die oberste Reihe bringt eine Veränderung im System des Arrangements. Hier stehen zwei kontrastive Bildpaare nebeneinander: König Salomon gegenüber der Königin von Saba und die Sirene gegenüber dem Greif. Es scheint damit die von Adam und Eva aufsteigende Linie in zwei oppositionelle Situationen einzumünden.

Typologisch ist Salomon eine Figur Christi; der Besuch der Königin des Südens verweist auf die Heidenchristen, denen die Kirche geöffnet wird.[139] Die eine Linie, die von Adam und Eva ausgeht, endet also wiederum figural bei der weltumspannenden Ekklesia.

Kontrastiv dazu eine Welt, die durch die Sirene und den Greifen gekennzeichnet ist. Der goldhütende fabulöse Vogel besitzt vorwiegend negative Konnotationen, sie werden hier durch den Querbezug zu Alexanders Greifenfahrt zweifellos weiter verstärkt, ja der Greif des Vierungsmosaiks ist möglicherweise geradezu als Zitat aufzufassen, durch das die Thematik der Alexanderwelt wieder aufgenommen wird. Auch der Posaunenspieler links vom Medaillon könnte dies signalisieren, d.h. die Zwischenfigur dürfte in diesem Kontext nicht in rein dekorativer Funktion aufgehen.

Im übrigen sei darauf hingewiesen, daß die Byzantiner in der altfranzösischen Historiographie und Epik als »Griffons« – Greifen, bezeichnet werden.[140] Wenn dies mit anklingen sollte, so käme der politische Aspekt auch dadurch nochmals zur Geltung.

Die Sirene als Luxuria, als verderbenbringende Weltlust, gehört, anders als der Greif, zum alten Bestand des ›Physiologus‹. Sie verdankt ihre Aufnahme in das figurale Tierbuch wohl nicht zuletzt der Tatsache, daß Jesaias sie erwähnt (13,21 f.): er sagt, daß sie neben Drachen und anderen Ungeheuern in Babylon hause. Sowohl ihre Gewohnheit, die Menschen durch ihren Gesang einzuschläfern, um sie dann zu zerfleischen, wie ihre Beziehung zu Babylon lassen die Thematik des linken Seitenschiffmosaiks wieder anklingen.

Wenn man also eine Linie von Adam und Eva über die Medaillonpaare der zweiten und der dritten Reihe auch zum Greifen und zur Sirene ziehen kann, die die zauberische Welt Alexanders einerseits und die mörderische Sphäre Babylons wachrufen, so spiegelt sich damit in der Vierung die historische Generallinie des Mittelschiffmosaiks. Aber wie dem Makedonier dort und schließlich in der Apsis Kontrastfiguren entgegengehalten werden, so steht im Vierungsmosaik dem Greifen König Salomon als Typus Christi gegenüber. Entsprechend ist die Königin von Saba auch unmittelbar in Opposition zur Sirene zu sehen: dem Verderben bringenden Tierweib ist die Königin mit dem Esels- oder Gänsefuß gegenübergestellt – dieser gleichsam als theriomorpher Rest, der dann in der Begegnung mit Salomon durch Gottes Gnade beseitigt wird.

In Salomon erscheint, gegenüber dem sich opfernden König Artus und dem büßenden König von Ninive, eine dritte Variante positiven Königtums – ein Königtum, das figural das Reich Christi vorwegnimmt. Der Künstler hat gerade dieses Bild wiederum mit einer Werkinschrift versehen. Das findet sich im Vierungsmosaik sonst nur noch an einer einzigen Stelle, nämlich beim Drachen. Doch dort ist sie – absichtlich?

– verstümmelt. Steckt darin trotzdem ein Hinweis auf eine – vielleicht negative – Beziehung? Steht dahinter vielleicht die im Mittelalter verbreitete Sage vom Sieg Salomons über einen Drachen?[141] Man wird hier über Spekulationen kaum hinauskommen.

Die Analyse des Vierungsmosaiks führt zum Ergebnis, daß seine symbolische Komposition zugleich als Schlüssel und Bestätigung für die Deutung des Gesamtentwurfs verstanden werden kann. Es bietet dessen Bildidee sozusagen nochmals auf einer höheren Abstraktionsstufe. Die historische Basis ist im Rückbezug auf die Generallinie des Mittelschiffmosaiks nur noch angedeutet. Nach dem Ansatz mit Adam und Eva bewegt man sich auf der figuralen Ebene des Bestiariums, und von da aus werden am Ende die zentralen Themen des Gesamtplanes teils alttestamentlich-präfigurativ und teils tiersymbolisch neu formuliert: Kirche und positives Königtum auf der einen, Babylon und die Alexanderhybris auf der anderen Seite. Dieser hohe Abstraktionsgrad und die strenge Schematik des Bildkonzepts gestatten es wohl auch, die ungeordnete Welt des Tierisch-Fabulösen in spielerischen Drolerien dazwischenzustreuen: aus der dämonischen Sphäre ist eine harmlos-verkehrte Welt geworden; der leierspielende Esel ist die komische Variante des Superbiamotivs. Nur die obere Randleiste außerhalb des Medaillonfeldes bringt nochmals einen letzten Nachklang theriomorph-monströser Formen.

5. Rückblick

Überblickt man das Verfahren insgesamt, durch das im Mosaik von Otranto das ikonographische Material arrangiert worden ist, so ergibt sich, daß sich Pantaleon gleichzeitig von den verschiedenen Ordnungsprinzipien hat leiten lassen, die im Raume möglich sind. Indem er die Strukturen verschränkte und überlagerte, hat er die ikonographischen Motive in komplexer Weise zueinander in Beziehung gesetzt. Das Historisch-Genetische wird moralisch umformuliert, und das Moralische erscheint über die typologische Perspektive wiederum in eine Geschichte höherer Ordnung übergeführt. Aber der kombinatorische Prozeß kann sich letztlich nicht selbst genügen, es ist, wenn er Verbindlichkeit beanspruchen will, erforderlich, daß die Kombinatorik an einem bestimmten Punkt in die Aktualität der Gegenwart durchschlägt. Andernfalls bleibt es bei einer sozusagen geometrischen Lösung, d.h. bei der bloßen Demonstration eines moralischen oder geschichtsmetaphysischen Systems. Nur wenn die Konstruktion sich selbst transzendiert, kann sie gleichzeitig zur Erfahrung der konkreten Gegenwart werden. Das Otrantomosaik erreicht dies über einen Umbruch ins Politische; dieses Politische ist aber eben nicht letzter Zweck, sondern dadurch, daß die gesamte Konstruktion in sie eingeht, gewinnt die politische Aktualität eine eschatologische Dimension.

Dabei war das Mosaik von Otranto zweifellos zugleich als Königsspiegel für das sizilisch-normannische Herrscherhaus gedacht. Er erscheint so konzipiert, daß sich kirchliche und politische Ansprüche gegenseitig verschränken und stützen. Die Kirche verlangte über das Bild des büßenden Königs von Ninive die Rückbesinnung auf ein religiös verankertes, salomonisches Königtum. Anderseits wurde die normannische Dynastie über König Artus in die Heilsgeschichte hineingebunden, während der politische Erzfeind in der Kontrastfigur des vermessenen Alexander gebrandmarkt erscheint.

Die Linien der Konzeption mit der in sie eingezeichneten Königsideologie bieten sich jedoch keineswegs in einfacher Klarheit dem Blick des Betrachters dar. Man muß im Gegenteil sagen, daß die Zusammenhänge nicht ohne analytische Bemühung aufzudecken sind. Das liegt, abgesehen von ihrer Vielschichtigkeit, nicht zuletzt auch daran, daß die drängende Fülle der Bilder das Konzept zu erdrücken droht. Dem Hybrid-Chaotischen ist ein weiter Spielraum gegeben. Es ist ihm zwar vom Gesamtplan her durchaus sein spezifischer Ort zugewiesen, doch daß es gebändigt werden und daß ihm die Ordnung abgerungen werden mußte, ist mit in die Gestaltung eingegangen. Immer wieder scheint sich die dämonische Sphäre vorzudrängen, und nur gegenüber der strengen Komposition des Vierungsmosaiks verliert sie ihre Bedrohlichkeit. Ein Übermaß an Grausig-Bizarrem, das ist der Hintergrund, auf dem der ikonographische Gesamtplan sich aufbaut und von dem er sich absetzt. Auch darin wird man ein Stück Wirklichkeit sehen müssen. Babylon und Alexander sind nicht nur historische Beispielfiguren, sondern es dürfte sich in ihnen auch aktuelle politische Erfahrung spiegeln: Apulien ist ein blutgetränktes Land; hier trafen nicht nur die normannischen, kaiserlichen und byzantinischen Heere aufeinander, sondern hier kam es auch immer wieder zu Aufständen des Adels gegen die sizilianische Oberherrschaft, und immer wieder wurden sie mit brutaler Grausamkeit in Blut und Trümmern erstickt. Etwas von der Gewalttätigkeit und den unendlichen Leiden, die die Geschichte dieses Landes prägten,

105

scheint sich in der kaum beherrschten dämonischen Sphäre des Mosaiks niedergeschlagen zu haben.

Es ist nun am Ende noch zu fragen, ob der mehrschichtige Strukturzusammenhang, der in der Analyse sichtbar geworden ist, als ikonographisches Programm im üblichen Sinne des Begriffs verstanden werden darf. Wenn man das Bildarrangement des Mosaiks anhand der vier Ordnungsprinzipien hypothetisch auf mögliche innere Zusammenhänge abfragt, so enthüllt sich eine überaus komplexe, ja ausgeklügelte künstlerische Konzeption. Trotzdem wird man zögern anzunehmen, daß dem Arrangement ein bis in alle Details hinein bewußter Gestaltungsakt zugrundeliegt. Wenn aber einerseits die aufgedeckten Strukturen eine Zusammenstellung auf der Basis bloß assoziativer Beliebigkeit im Rahmen des zur Verfügung stehenden ikonographischen Materials ausschließen und anderseits ein Programm im Sinne eines genau durchdachten und kalkulierten Entwurfs nicht unterstellt werden darf, so muß mit einer dritten, mit einer Zwischenmöglichkeit gerechnet werden. Sie liegt in der Verfügbarkeit nicht nur über materiell-stoffliche, sondern auch über strukturelle Traditionen. Diese implizieren als Ordnungsperspektiven zwar objektiv vorgegebene Gesetzlichkeiten, es kann aber durch Verschränkung, Überlagerung und Perspektivenwechsel durchaus zu Innovationen kommen, die über die Variation von Traditionellem hinausgehen, ja sich als Brechung von Traditionskonstanten geben, in der sich auch Bezugnahmen zur Aktualität historischer Situationen realisieren lassen. Es ist möglich, daß sich die subjektiven Eingriffe dabei auf Ansatz, Weichenstellung oder Pointierung beschränken, während das Arrangement in sich selbst nach relativ komplexen Gesetzlichkeiten abläuft, die aus dem Zusammenspiel

106

der angesetzten Perspektiven resultieren. Da dieser Vorgang im Grenzbereich zwischen der Diskontinuität subjektiver Planung und der Kontinuität objektiver Schemata angesiedelt ist, ist es immer wieder sehr schwierig, sie zu fassen und zu formulieren. Man hat es hierbei jedoch keineswegs mit einem singulären Fall zu tun, sondern man stößt immer wieder auf diese Zwischensphäre, wenn es darum geht, Wandlungen und Entwicklungen insbesondere kollektiver künstlerischer Formen zu verstehen und darzustellen, ja letztlich handelt es sich um ein Problem, das ins Grundsätzliche künstlerischen Gestaltens hineinreicht. Man sieht sich Fragen dieser Art nämlich immer dann konfrontiert, wenn man sich bemüht, literarische oder bildnerische Ausdrucksformen nicht in erster Linie unter dem Gesichtspunkt subjektiver Zielsetzung zu interpretieren, sondern sie vielmehr als Regelsysteme aufzufassen und deren historische Bedingungen und Möglichkeiten zu beschreiben. Das Mosaik von Otranto stellt ein Musterbeispiel für einen solchen Gestaltungsprozeß zwischen Tradition und Individualität dar, wobei er seine charakteristische Prägung in der Brechung durch eine bestimmte aktuelle Situation erfährt.

ANMERKUNGEN

1 Siehe u. S. 28 f. mit Anm. 35.

2 BERTAUX, S. 488. Die ersten Hinweise mit wertvollen Zeichnungen (s. unten S. 31) hat MILLIN im Jahre 1814 gegeben. Es folgte 1860 die Darstellung von SCHULZ, die jedoch so viele Irrtümer enthält, daß sie kaum brauchbar ist. 1876/1877 nimmt EUGEN MÜNTZ in seinen sich auf MILLIN und SCHULZ stützenden ›Notes‹ schon das Urteil BERTAUX' vorweg: er spricht im Hinblick auf den Mosaizisten von einer »imagination la plus déréglée« (Notes 1877, S. 35).

3 GARUFI, S. 506 f.

4 MAROCCIA 1912 und 1931, ANTONACI 1954 und 1955. Dazu kommen knappe Referate im Rahmen größerer Überblicke: MELANI 1906, PAGENSTECHER 1914, VAN MARLE 1923, BLANCHET 1928.

5 Dazu insb.: Suggestioni e analogie. GIANFREDA geht von der Idee aus, daß Dante sich vom Mosaik von Otranto habe inspirieren lassen; vgl. auch MAROCCIA und LUCREZI. Die angeblichen Entsprechungen sind jedoch entweder von so allgemeiner Art oder so gewaltsam, daß sie kaum zu überzeugen vermögen.

6 Grundlegend ist der Aufsatz von 1968, der dann durch die Untersuchung von 1970 ergänzt wird. Unabhängig von SETTIS FRUGONI ist VON DEN STEINEN – in größerem Zusammenhang – der Symbolik des Mosaiks mit einem neuen Verständnis begegnet.

7 Für Kritik, Hinweise und Anregungen bin ich GERHARD BAAKEN (Tübingen), HANS HELMUT CHRISTMANN (Tübingen), DOROTHEE und PETER DIEMER (Tübingen), CHRISTOPH GERHARDT (Trier), KONRAD HOFFMANN (Tübingen), INGEBORG und HEINZ LUSCHEY (Tübingen) und BENEDIKT K. VOLLMANN (Tübingen) zu großem Dank verpflichtet. Danken möchte ich auch der Kunstgewerbeschule Zürich, die freundlicherweise wiederum ihr Bildmaterial zur Verfügung stellte.

8 Dazu: SETTIS FRUGONI, Per una lettura, S. 217, Anm. 3.

9 Zur Zeitrechnung nach Indiktionen und zu ihren verschiedenen Formen: HERMANN GROTEFEND, Zeitrechnung des deutschen Mittelalters

und der Neuzeit, I, Hannover 1891, Nachdr. Aalen 1970, S. 92–95, zur Indictio graeca in Süditalien: insb. S. 93; vgl. auch Tafel XIV.

10 NORBERT KAMP, Kirche und Monarchie im staufischen Königreich Sizilien. Bistümer und Bischöfe des Königreichs 1194–1266. 2. Apulien und Kalabrien, München 1975, S. 714.

11 Grundlegend zur Geschichte der Normannenherrschaft in Süditalien: FERDINAND CHALANDON, Histoire de la domination normande en Italie et en Sicile, Paris 1907, Nachdr. New York 1960, insb. Bd. II, 2. Teil.

12 Zum Verhältnis zwischen den Normannenkönigen und der Kirche: JOSEF DEÉR, Papsttum und Normannen, Untersuchungen zu ihren lehnsrechtlichen und kirchenpolitischen Beziehungen, Köln/Wien 1972, insb. S. 164 ff.

13 CHALANDON (s. Anm. 11), II, S. 173; EVELYN JAMISON, The Norman Administration of Apulia and Capua, Papers of the British School at Rome 6 (1913), S. 259 ff.

14 Man vergleiche damit die Datierungsformeln in den Urkunden: KARL ANDREAS KEHR, Die Urkunden der normannisch-sizilischen Könige, Innsbruck 1902, Nachdr. Aalen 1962, S. 256 ff.

15 KIER, S. 40; OTTO KOENIG, Kultur- und Verhaltensforschung. Einführung in die Kulturethologie, München 1970, S. 222.

16 Kaum zu überzeugen vermag die Deutung von SETTIS FRUGONI, Per una lettura S. 220 f., die in dem Tier einen kleinen Elefanten sehen will.

17 KIER, S. 69. Von großer Ähnlichkeit ist eine Darstellung in St.-Pierre-de-l'Isle, vgl. RENÉ CROZET, Le chasseur et le combattant dans la sculpture romane en Saintonge, in: Mélanges Rita Lejeune, I, Gembloux 1969, S. 675 f. – Der Keulen- oder Schlagstockkampf lebt im Mittelalter als archaische Form im Gerichtskampf weiter: FAITH LYONS, Le bâton des champions dans ›Yvain‹, R 91 (1970), S. 97–101.

18 So GIANFREDA, Basilica Cattedrale, S. 109, u. a.

19 Die Literatur zu diesem Motiv hat SETTIS FRUGONI, Per una lettura, S. 226 Anm. 2, zusammengestellt. Zu ergänzen: der Hinweis bei JURGIS BALTRUŠAITIS, Le Moyen Age fantastique, Paris 1955, S. 105, auf eine jüngere persische Miniatur, vgl. ANTONY WELCH, Shah 'Abbas & the Arts of Isfahan [Ausstellungskatalog], New York/Cambridge 1973/74, Nr. 77. Von besonderem Interesse sind die Darstellung eines vierleibigen Löwen in San Marco, Venedig – vgl. VON DER GABELENTZ, S. 120 f. – und ein sassanidisches Gewebe, Görz, das in seinem Muster eine Reihe

vierleibiger Löwen zeigt, vgl. FRIEDRICH FISCHBACH, Die wichtigsten Webe-Ornamente bis zum 19. Jahrhundert, Wiesbaden o. J., Taf. 7. Dazu ein literarisches Zeugnis von einem englischen Zisterzienser aus dem 13. Jahrhundert bei JEAN BAPTISTE PITRA, Spicilegium Solesmense, III, Paris 1855, S. LXXIVf.

20 Vgl. z. B. die nahestehende Darstellung in San Marco, Venedig, von 1220/30: CHARLES DIEHL, Manuel d'art byzantin, II, Paris ²1926 Fig. 258; HELMUT MINKOWSKI, Aus dem Nebel der Vergangenheit steigt der Turm zu Babel, Berlin 1960, S. 15; siehe auch BORST, S. 1933, Anm. 163.

21 Der Schachspielstreit, bei dem ein königlicher Verlierer den ihm untergebenen Sieger erschlägt, ist altfranzösisch in vielen Varianten belegt. Das Motiv scheint ursprünglich in die Ogiersage zu gehören und ist da schon für die Mitte des 12. Jahrhunderts nachzuweisen, denn Metellus von Tegernsee hat ihr das Motiv entnommen und zu einem der Tegernseer Klostergründer, Oktarius, in Beziehung gesetzt: CARL VORETZSCH, Über die Sage von Ogier dem Dänen und die Entstehung der Chevalerie Ogier, Halle 1891, S. 67 ff.; FRITZ PETER KNAPP, Bemerkungen zum Ruodlieb, ZfdA 104 (1975), S. 200 ff.; vgl. auch PIERRE JONIN, La partie d'échecs dans l'épopée médiévale, Mélanges Jean Frappier, I, Genève 1970, S. 483–497, insb. S. 487 ff. Als ikonographisches Motiv geht das Schachbrettmuster sehr viel weiter zurück, vgl. SCHULTE, S. 176 ff.; KIER, S. 149 f.

22 Die gesamte bisherige Forschung kritisch zusammenfassend: SETTIS FRUGONI, Historia Alexandri; dazu die Rezension von KARLA LANGEDIJK, The Art Bulletin 58 (1976), S. 283–286.

23 Vgl. REINHOLD MERKELBACH, Die Quellen des griechischen Alexanderromans, München 1954, S. 99; SETTIS FRUGONI, Historia Alexandri, S. 107 ff.

24 ABY WARBURG, Gesammelte Schriften, I, Leipzig/Berlin 1932, S. 247 mit Anm. S. 387; SETTIS FRUGONI, Historia Alexandri. – Schon der Sonnenwagen kann mit Greifen bespannt erscheinen: WARBURG, ebd.

25 HERBERT J. GLEIXNER, Das Alexanderbild der Byzantiner, Diss. München 1961, insb. S. 122 ff.; bestätigend: SETTIS FRUGONI, Historia Alexandri, S. 147 ff., 192, 207.

26 Anders als im byzantinischen Bereich muß man im Westen mit einer Pluralität der Bedeutungen rechnen, wobei es im Einzelfall oft schwierig

ist, die spezifische Akzentuierung zu ermitteln; vgl. WERA VON BLAN-KENBURG, Heilige und dämonische Tiere, Leipzig 1943, S. 273 ff.; GE-ORGE CARY, Alexander the Great in Mediaeval Theology, Journ. of the Warburg and Courtauld Institutes 17 (1954), S. 98–114; DERS., The Medieval Alexander, Cambridge 1956, Nachdr. 1967, S. 296 f., und vor allem SETTIS FRUGONI, Historia Alexandri, S. 147 f., Anm. 1, S. 207 f., dazu die Materialien der Kap. VIII und IX. Die negative Bedeutung des Greifenfluges in Otranto steht für SETTIS FRUGONI aber außer Zweifel, ebd. S. 272, Anm. 38 u. ö.

27 Ikonographische Parallelen zu Fischreiter und Straußreiter: V.-H. DE-BIDOUR, Le bestiaire sculpté du Moyen Age en France, [Grenoble] 1961, Abb. 254, S. 173; Abb. 415, S. 302, dazu S. 304.

28 DON CAMERON ALLEN, The Legend of Noah. Renaissance Rationalism in Art, Science, and Letters, Urbana 1949, S. 155 ff.; zur älteren Tradition: JOSEF FINK, Noe der Gerechte in der frühchristlichen Kunst, Münster/Köln 1955.

29 Zum Begriff der Präfiguration siehe u. S. 66 ff.

30 HUGO RAHNER, Griechische Mythen in christlicher Deutung, Zürich 1957, ³1966, S. 70, 78; DERS., Symbole der Kirche. Die Ekklesiologie der Väter, Salzburg 1964, S. 509; HARTMUT BOBLITZ, Die Allegorese der Arche Noahs in der frühen Bibelauslegung, Frühmittelalterl. Stud. 6 (1972), S. 159–170.

31 LOUIS GINZBERG, The Legends of the Jews, I, Philadelphia 1909, S. 179 ff.; BORST, S. 1962, Anm. 248.

32 VON DER GABELENTZ, S. 176 ff.; WEBSTER; ergänzend: LCI 2 (1970), Sp. 482–489; LCI 3 (1971), Sp. 274–279; zur ikonographischen Vorgeschichte insb.: HENRI STERN, Poésies et représentations carolingiennes et byzantines des mois, RA sér. 6, 45 (1955), S. 141–186.

33 Vgl. die Tabelle bei WEBSTER, S. 175 f.

34 Vgl. zu diesem Motiv: HEINZ LADENDORF, Antikenstudium und Antikenkopie. Vorarbeiten zu einer Darstellung ihrer Bedeutung in der mittelalterlichen und neueren Zeit, Abhandl. d. Sächs. Akad. d. Wiss., Leipzig, phil.-hist. Kl., Bd. 46, H. 2, Berlin 1953, S. 21 mit Anm. 53.

35 BERTAUX, S. 492 ff., schreibt diese heute verlorenen oder nur noch in geringen Resten erhaltenen Fußbodenmosaike demselben Werkstattverband zu. Möglicherweise hat Pantaleon auch das Mosaik von Brindisi geschaffen: SCHULZ, S. 302 f.; vgl. LEJEUNE/STIENNON, La légende de

Roland, S. 101 (dt.: S. 113), und GIANFREDA, Basilica Cattedrale, S. 93 und Anm. 21, S. 289 f.

36 Vgl. VON DEN STEINEN, S. 205 f., und LCI 1 (1968), Sp. 67 f.

37 So schon SCHULZ, S. 265, und BERTAUX, S. 488, dann GIANFREDA, Basilica Cattedrale, S. 48, u. a.

38 Die Möglichkeit einer Ad hoc-Umdeutung der Bildformel ist natürlich trotzdem nicht auszuschließen.

39 SETTIS FRUGONI Il mosaico di Otranto, S. 260, vgl. auch LCI 6 (1974), Sp. 69 f.; ferner: KONRAD HOFFMANN, Dürers Darstellungen der Höllenfahrt Christi, Zs. d. deutschen Ver. f. Kunstwiss. 25 (1971), S. 75–106, hier S. 85 ff. und 101 ff.

40 Die Zeichnung von MILLIN ist u. a. wiedergegeben bei LEJEUNE, La légende du roi Arthur, S. 55, und bei R. S. LOOMIS/L. HIBBARD LOOMIS, Arthurian Legends, S. 36. Der Gedanke von HOLMES/KLENKE, S. 135, daß es sich hier um Kain handle, der von einem Fuchs gefressen werde, ist abwegig.

41 E. FREYMOND, Arthus' Kampf mit dem Katzenungetüm. Eine Episode der Vulgata des Livre d'Artus, die Sage und ihre Lokalisierung in Savoyen, in: Beiträge zur Romanischen Philologie, Festg. f. G. Gröber, Halle 1899, S. 311–396, hier S. 312 ff.

42 OSWALD ZINGERLE, Manuel und Amande. Bruchstücke eines Artusromans, ZfdA 26 (1882), S. 297–307; nach ZINGERLE bei HEINRICH MEYER-BENFEY, Mittelhochdeutsche Übungsstücke, [2]Halle 1920, S. 151–154; zu Herkunft und Datierung vgl. EDWARD SCHRÖDER, Die Strassburg-Molsheimer Handschrift, Nachr. d. Gött. Gel. Gesellsch. 1925, S. 166–168.

43 FREYMOND (s. Anm. 41), S. 332 f.

44 Ebd., S. 334 f.

45 Ebd., S. 335.

46 ROBERT HUNTINGTON FLETCHER, The Arthurian Material in the Chronicles, [2]New York 1966, Nachdr. 1973, S. 100 ff., ergänzende Literatur S. 326; ROGER SHERMAN LOOMIS, The Legend of Arthur's Survival, in: R. S. LOOMIS, Arthurian Literature in the Middle Ages, Oxford 1959, Nachdr. 1961, S. 64–71; und SCANLAN.

47 ANTONIO DE STEFANO, La cultura in Sicilia nel periodo normanno, Palermo 1938, S. 67.

48 FREYMOND (Anm. 41), S. 338 ff.

49 Ebd., S. 328 ff.

50 Vgl. Anm. 40.

51 Im rechten Seitenschiff oberhalb von Alexander dem Großen; rechts von der Arche Noah.

52 Auf eine Motivparallele wird von R. S. Loomis / L. Hibbard Loomis, Arthurian Legends, S. 36, hingewiesen: es handelt sich um einen zwergenhaften Jenseitskönig, der auf einer Ziege reitet, bei Walter Map, ›De nugis curialium‹, dist. I, cap. XI. Loomis vermutet, daß Artus in einen entsprechenden Zusammenhang gerückt worden sei, daß er also in Otranto als Jenseitskönig erscheine. Das zwingt freilich dazu, von der Katzenkampfsage abzusehen, womit man mehr Rätsel schafft, als man gelöst zu haben meint. Vgl. auch Loomis, King Arthur and the Antipodes, und Scanlan, S. 172; dazu die Kritik von Birkhan, S. 64. – R. S. Loomis' Deutungsansatz ist von Stanonik weiterentwickelt worden. Er interpretiert das Reittier des Königs als Capricornus, das Tierkreiszeichen, in das die Sonne bei der Wintersonnenwende eintrete. Artus werde dadurch mit dem Tiefpunkt des Sonnenlaufes verbunden, was ihn als Unterweltskönig ausweise. Wie sich dies in die Sage vom Katzenkampf einfügt, darauf geht auch Stanonik nicht ein.

53 Vgl. LCI 1 (1968), Sp. 315; RDK 2 (1948), Sp. 963 ff.

54 Lejeune/Stiennon, La légende de Roland, S. 104 f. (dt.: S. 116 f.).

55 Vgl. neben der in Anm. 54 genannten Arbeit und Stelle: Lejeune, La légende du roi Arthur, S. 55; Stiennon/Lejeune, La légende arthurienne, S. 294.

56 Vgl. etwa Karl Hauck, Zur Ikonologie der Goldbrakteaten VII, in: Verbum et Signum, I, Beiträge zur mediaevistischen Bedeutungsforschung, Fs. Friedrich Ohly, München 1975, S. 30,41 f., 46, 47 mit den Abb. 50, 51, 52, 59, 63, 67 und 69.

57 Zur Keule vgl. oben Anm. 17.

58 Zu Merlins Wahnsinn und Waldleben: Margeret Enid Griffiths, Early Vaticination in Welsh, Cardiff 1937, S. 67 ff.; A. O. H. Jarman, The Welsh Myrddin Poems, in: R. S. Loomis, Arthurian Literature in the Middle Ages, Oxford 1959, ²1961, S. 20 ff.

59 Gianfreda, Basilica Cattedrale, S. 154.

60 Vgl. oben S. 12.

61 RAC VII (1969), Sp. 659 f., 668, 681 f.; LCI 2 (1970), Sp. 23, VGL. LCI 1 (1970), Sp. 123.

62 LCI 1 (1970), Sp. 491 f.

63 George C. Druce, The Elephant in Medieval Legend and Art, The Archaeological Journal 76 (1919), S. 1–73, hier S. 33 ff.; Franciscus Sbordone, Physiologus, Mediolani/Genuae/Romae/Neapoli 1936, S. 129.

64 Settis Frugoni, Il mosaico di Otranto, S. 248.

65 Dorothee und Peter Diemer schlagen vor, Gris als Cornis – C mit eingeschriebenem o, und r mit verlorenem n-Strich – zu lesen. Ein ähnliches Schriftbild findet sich in Souvigny, vgl. B. Rupprecht/M. Hirmer, Romanische Skulptur in Frankreich, München 1975, Abb. 199 links. Man könnte dann zu Bicornis = Zweihorn ergänzen und die Figur als Gegenbild zu dem in derselben Reihe rechts außen stehenden Einhorn (Unicornis) auffassen. Doch das bleiben Vermutungen.

66 Grundlegend: H.-Ch. Puech, Le cerf et le serpent. Note sur le symbolisme de la mosaïque découverte au baptistère de l'Henchir Messaouda, CA 4 (1949), S. 17–60.

67 Jean Bayet, Le symbolisme du cerf et du centaure à la Porte Rouge de Notre-Dame de Paris, RA sér. 6,43/44 (1954), S. 50 ff.

68 Gianfreda, Basilica Cattedrale, S. 92.

69 Einhorn, S. 74, vgl. das Schema S. 76.

70 Zum ›Physiologus‹ siehe u. S. 68 f.

71 Einhorn, Abb. 11, 13, 15, 17.

72 Sbordone (s. Anm. 63), Kap. 22, S. 78 ff.

73 Oskar Schade, Geistliche Gedichte des XIV. und XV. Jarhunderts vom Niderrhein, Hannover 1854, S. 304 f.; Carl Schröder, Von deme holte des Hilligen Cruzes. Mittelniederdeutsches Gedicht, Erlangen 1869, S. 31 ff.; Friedrich Vogt, Ueber Sibyllen Weissagung, Beitr. z. Gesch. d. deutschen Sprache u. Lit. 4 (1877), S. 53 f., 92 f.; Esther Casier Quinn, The Quest of Seth for the Oil of Life, Chicago/London 1962, S. 79 ff.; Mariane Overgaard, The History of the Cross-Tree down to Christ's Passion. Icelandic Legend Versions, Copenhagen 1968, Introduction; André Chastel, La rencontre de Salomon et de la reine de Saba dans l'iconographie médiévale, Gazette des Beaux Arts, 91. Jg., sér. 6, Bd. 35, S. 99–144, insb. S. 105 ff.; LCI 4 (1973), Sp. 1–3.

74 E. A. Wallis Budge, The Queen of Sheba and Her Only Son Menyelek, I, London ²1932, S. XLVIII ff.

75 ›Faldistorium‹, RDK 6 (1973), Sp. 1219–1237, insb. Sp. 1221 u. 1225.

115

76 Vgl. THOMAS MICHELS, Segensgestus oder Hoheitsgestus? Ein Beitrag zur christlichen Ikonographie, in: Fs. f. Alois Thomas, Trier 1967, S. 277–283.

77 Zur ikonographischen Tradition vgl. THEODOR EHRENSTEIN, Das Alte Testament im Bilde, Wien 1923, S. 665 ff.; CHASTEL (s. Anm. 73); Ergänzung: LCI 4 (1972), Sp. 3.

78 Aus der reichen Literatur zur Sirene nur wenige grundlegende sowie die zwei jüngsten Arbeiten: FRIEDRICH PANZER, Der romanische Bilderfries am südlichen Choreingang des Freiburger Münsters und seine Deutung, Freiburger Münsterblätter 2 (1906), S. 23 ff.; VON BLANKENBURG (s. Anm. 26), S. 152 ff.; DENISE JALABERT, De l'art oriental antique à l'art roman, II. Les sirènes, Bulletin monumental 95 (1936), S. 433–471; EDMOND FARAL, La queue de poisson des sirènes, R 74 (1953), S. 433–506; LOUIS RÉAU, Iconographie de l'art chrétien, I, Paris 1956, S. 121 ff.; MAY VIEILLARD-TROIEKOUROFF, Sirènes-poissons carolingiennes, CA 19 (1969), S. 61–82; JACQUELINE LECLERC, Sirènes-Poissons romanes, Revue belge d'archéologie et d'histoire de l'art 40 (1971), S. 3–30.

79 RAHNER, Griechische Mythen (s. Anm. 30), S. 298 ff.; DERS., Symbole der Kirche (s. Anm. 30), S. 249 ff.; VIEILLARD-TROIEKOUROFF (s. Anm. 78), S. 63.

80 Zu den Bedeutungsnuancen und Interpretationen von ›Pascha‹ vgl. B. BOTTE, »Pascha«, L'Orient Syrien 8 (1963), S. 213–226.

81 Vgl. McCULLOCH, Mediaeval Latin and French Bestiaries, Chapel Hill 1962, S. 123.

82 RÉAU (s. Anm. 78), I, S. 116 f.; INGEBORG WEGNER, Studien zur Ikonographie des Greifen im Mittelalter, Leipzig 1928, S. 60 ff.; FRIEDRICH WILD, Gryps – Greif – Gryphon (Griffin): Eine sprach-, kultur- und stoffgeschichtliche Studie, Österr. Akad. d. Wiss., philos.-hist. Kl. 241, 4. Abh., 1963, S. 9 ff.

83 Der Greif erscheint erst in der byzantinischen Redaktion des ›Physiologus‹: SBORDONE (s. Anm. 63), S. 82 ff.; er fehlt auch in den frühen lateinischen Versionen, vgl. die Listen bei FLORENCE McCULLOCH, (s. Anm. 81), S. 26 f., er taucht jedoch im erweiterten Bestiarium auf: ebd. S. 37. Ikonographisch findet er sich dann öfter in typischen ›Physiologus‹-Tierreihen, vgl. VON BLANKENBURG (s. Anm. 26), S. 131 ff. Zur ambivalenten Symbolik: LThK² IV (1960), Sp. 1220.

84 RDK 4 (1958), Sp. 567–588.

85 Zum Knotenmotiv vgl. GUSTAV A. KÜPPERS-SONNENBERG, Flecht-
   werk, Knotenband und Knotendrachen, in: G. A. KÜPPERS-SONNEN-
   BERG/W. HAIDEN/A. SCHULTE, Flecht- und Knotenornamentik, Mosaiken (Teurnia und Otranto). Beiträge zur Symbolforschung, Klagenfurt 1972, S. 9–135; SCHULTE, S. 207.

86 Vgl. DEBIDOUR (s. Anm. 27), Abb. 361–366, S. 256 f.; dazu S. 255, 258.

87 HELEN ADOLF, The Ass and the Harp, Spec. 25 (1950), S. 49–57.

88 SCHULTE, S. 158, 206 f.

89 So interpretiert SETTIS FRUGONI, Per una lettura, S. 247.

90 Vgl. zum Folgenden: OTTO MITIUS, Jonas auf den Denkmälern des
   christlichen Altertums, Freiburg i. Br. 1897; EHRENSTEIN (s. Anm. 77),
   S. 699 ff.; LOUIS RÉAU, Iconographie de l'art chrétien, II, 1, Paris 1956,
   S. 410 ff.; ferner: YVES-MARIE DUVAL, Le livre de Jonas dans la littérature chrétienne grecque et latine. Sources et influences du Commentaire
   sur Jonas de Saint Jérôme, Paris 1973.

91 Zum Begriff der Typologie siehe u. S. 66 ff.

92 MITIUS (s. Anm. 90), S. 46, ALBRECHT SCHÖNE, Kürbishütte und Kö-
   nigsberg, in: Stadt-Schule-Universität-Buchwesen und die deutsche Literatur im 17. Jahrhundert. Vorlagen und Diskussionen eines Barock-
   Symposions der Deutschen Forschungsgemeinschaft 1974 in Wolfen-
   büttel, hrsg. v. A. SCHÖNE, München 1976, S. 601–660, insb. S. 609 ff.

93 Vgl. z. B. EHRENSTEIN (s. Anm. 77), S. 491, Abb. 33, S. 493, Abb. 38;
   DEBIDOUR (s. Anm. 27), Abb. 397, 398, 399, S. 285; Abb. 153, S. 120;
   dazu S. 287; RÉAU (s. Anm. 90), II, 1, S. 240 f.

94 FRANZ CUMONT, Textes et monuments figurés relatifs aux mystères de
   Mithra, Bruxelles, I, 1899, S. 220, II, 1896, S. 441 u. Supplement.

95 RÉAU (s. Anm. 90), II, 1, S. 240.

96 GIANFREDA, Basilica Cattedrale, S. 201 f.

97 Die Belege bei HELLA VOSS, Studien zur illustrierten Millstätter Gene-
   sis, München 1962, S. 74 f., und bei RÉAU (s. Anm. 90), II, 1, S. 154, sind
   durch die Nachweise bei WILHELM PAESELER, Die römische Weltge-
   richtstafel im Vatikan, Kunstgeschichtl. Jahrb. der Bibliotheca Hert-
   ziana 2 (1938), S. 322, Anm. 29, zu ergänzen.

98 EDGAR HENNECKE/WILHELM SCHNEEMELCHER, Neutestamentliche
   Apokryphen in deutscher Übersetzung, Tübingen ³1959, S. 362 f.

99 Daß ein Teufel die Seelen wägt, ist ungewöhnlich. Diese Aufgabe

kommt einem göttlichen Wesen, in der Regel dem Engel Michael zu. KRETZENBACHER, der das Material zum Motiv der Seelenwaage zusammengestellt hat, spricht S. 76 auch bei der Darstellung in Otranto von einem Engel, den er als Seelen-Vorrichter versteht. Doch der Haarkamm an Gesäß und Beinen weist die Figur eindeutig als Teufel aus. Zum ikonographischen Ansatz des Seelenwägers vgl. SKUTSCH, S. 61.

100 SCHULZ, S. 267. Zum Typus der Inschrift siehe MEYER SCHAPIRO, From Mozarabic to Romanesque in Silos, The Art Bulletin 21 (1939), S. 364 f.

101 Vgl. AUGUST RÜEGG, Die Jenseitsvorstellungen vor Dante und die übrigen literarischen Voraussetzungen der ›Divina Commedia‹, Einsiedeln/Köln 1945, I, S. 263, 278, 286, 347, 415 f. usw.

102 Ebd. S. 242, 258 ff., 278 f. usw.

103 Ebd. S. 257 f., 360 usw.

104 Ebd. S. 347.

105 PW 2 (1896), Sp. 2129 ff.; GEORG THIELE, Antike Himmelsbilder, Berlin 1898, S. 18 ff.

106 Vgl. EHRENSTEIN (s. Anm. 77), S. 538, Abb. 9, 11, 12.

107 Materialien zum Löwen-Drachenkampf und seiner Symbolik bei THOMAS CRAMER, Hartmann von Aue. Iwein, Berlin 1968, S. 208 f.

108 Vgl. die Kosmos-Rosette von Oberpleis: Monumenta Annonis. Köln und Siegburg. Weltbild und Kunst im hohen Mittelalter [Ausstellungskatalog], Köln 1975, S. 120 ff.; zum ikonographischen Typus: KIER, S. 192 f.

109 Vgl. PW 2 (1896), Sp. 2125; FRITZ SAXL, Astrologische und mythologische Handschriften des lateinischen Mittelalters, Sitzungsber. Akad. d. Wiss. Heidelberg, phil.-hist. Kl. 6, 1915, S. 31, Taf. XXI, Abb. 42; DERS., Atlas, der Titan, im Dienst der astrologischen Erdkunde, Imprimatur. Ein Jahrbuch für Bücherfreunde, 4 (1933), S. 44–53, insb. S. 46 ff.; ERWIN PANOFSKY, Studies in Iconology, New York, Oxford Univ. Press 1939, S. 20 f. Anm. 10; D. P. SNOEP, Van Atlas tot last. Aspecten van de betekenis van het atlasmotief, Simiolus, Kunsthistorisch Tijdschrift, 2 (1967/68), S. 6–22, insb. S. 8.

110 Ich hatte seinerzeit – HAUG, S. 599 f. – erwogen, ob nicht die Position der Figur auf der Baumspitze signifikant sein könnte, und hatte dabei an das Motiv vom Christuskind auf dem Lichtbaum im irdischen Paradies gedacht, wie es in der Kreuzholzlegende und – abgewandelt – auch in der mittelalterlichen Epik zu belegen ist. Angesichts der mittelalterli-

chen Atlas-Tradition erscheint mir der damalige Interpretationsversuch heute hinfällig.

111 Grundlegend zur figural-typologischen Exegese: ERICH AUERBACH, Figura, Archivum Romanicum 22 (1939), S. 436–489 = Neue Dantestudien, Istanbul 1944, S. 11–71 = Gesammelte Aufsätze zur romanischen Philologie, Bern/München 1967, S. 55–92; LEONHARD GOPPELT, Typos. Die typologische Deutung des Alten Testaments im Neuen, Gütersloh 1939, ²Darmstadt 1969; RGG 6 (1962), Sp. 1094–1098.

112 Einen vorzüglichen Überblick bietet B. E. PERRY, PW 39/1 (1941), Sp. 1074–1129.

113 Vgl. DEBIDOUR (s. Anm. 27), S. 287.

114 HARRY CAPLAN, The Four Senses of Scriptural Interpretation and the Mediaeval Theory of Preaching, Spec. 4 (1929), S. 282–290.

115 Vgl. den Motivkatalog bei KIER, S. 54 ff.

116 LOUIS BRÉHIER, La sculpture et les arts mineurs byzantines, Paris 1936, S. 50 ff.; SETTIS FRUGONI, Per una lettura, S. 214.

117 Siehe oben S. 51.

118 Auf dem Mosaik in der Pfalzkapelle von Palermo erscheinen die Kinder Noahs unmittelbar neben dem babylonischen Turm; eine Inschrift bezeichnet sie als Bauherren: in derart verkürzter Form konnte der Zusammenhang dargestellt werden!

119 Zur Tradition der Weltreichablösung auf der Basis von Dan. 7 vgl EDGAR MARSCH, Biblische Prophetie und chronologische Dichtung: Stoff- und Wirkungsgeschichte der Vision des Propheten Daniel nach Dan. VII, Berlin 1972.

120 Vgl. INGEBORG LUSCHEY-SCHMEISSER, The Pictorial Tile Cycle of Hašt-Behešt in Iṣfahan and its Iconographic Tradition, Istituto Italiano per il Medio ed Estremo Oriente, Reports and Memoirs XIV, (im Druck), S. 95 ff.

121 Vgl. ALEXANDER WESSELOFSKY, Die Sage vom babylonischen Reich, Archiv f. slav. Philol. 2 (1877), S. 129–143, 308–333, insb. S. 317 f.

122 Noahs Trunkenheit selbst wird zu einem Beispielfall für Unmäßigkeit, vgl. ALLEN (s. Anm. 28), S. 162 f.; ferner: GINZBERG (s. Anm. 31), S. 167 f.

123 Vgl. VON DEN STEINEN, S. 206.

124 GÜNTER BANDMANN, Melancholie und Musik, Köln/Opladen 1960, S. 69 f., mit Hinweis auf HERMANN ABERT, Die Musikanschauung des

Mittelalters und ihre Grundlagen, Halle 1905, wo S. 211 ff. von der Symbolik der einzelnen Musikinstrumente gehandelt wird.

125 SETTIS FRUGONI, La mala pianta. Vgl. ergänzend: D. W. ROBERTSON, Jr., The Doctrine of Charity in Mediaeval Literary Gardens: A Topical Approach Through Symbolism and Allegory, Spec. 26 (1951), S. 25 ff.

126 Das Baummotiv besitzt selbstverständlich eine Reihe weiterer Konnotationen, die eine Rolle spielen könnten, so ist etwa an den Baum der Macht und Weltherrschaft zu denken, wie er aus Dan. 4, 7–9; 19, geläufig war: HERMAN BRAET, Le songe de l'arbre chez Wace, Benoît et Aimon de Varenne, R 26 (1970), S. 255–267, insb. S. 262 ff.; vgl. ferner A. J. WENSINCK, Tree and bird as Cosmological Symbols in Western Asia, Verhandelingen der Koninklijke Akademie van Wetenschappen te Amsterdam, Afd. Letterkunde, Nieuwe Reeks Deel XXII, Amsterdam 1921. In jedem Fall aber ist festzuhalten, daß das Baummotiv in Otranto zwischen vag-symbolischer Funktion und formalem Requisit in der Schwebe bleibt. – Zum Motiv der an den Baum des Bösen angelegten Axt vgl. RDK 2 (1948), Sp. 72.

127 RDK 1 (1937), Sp. 24 f. Augustinus, De Civitate Dei, XV, 7.

128 Die Belege dazu finden sich zusammengestellt bei OLIVER F. EMERSON, Legend of Cain, Especially in Old and Middle English, Publ. Mod. Lang. Ass. 21 (1906), S. 838 ff.

129 Zu den Monstra als Abkömmlingen Kains: ebd. S. 878 ff., 916 ff.

130 GINZBERG (s. Anm. 31), S. 117.

131 Man sollte hier sehr zurückhaltend formulieren, andernfalls verfehlt man gerade das indirekte Spiel der Bezüge – vgl. dagegen die grobe Allegorik bei HOLMES/KLENKE, S. 145.

132 ERICH KÖHLER, Ideal und Wirklichkeit in der höfischen Epik, Tübingen ²1970, S. 8. Zur Diskussion um diese Frage vgl. WALTER F. SCHIRMER, Die frühen Darstellungen des Arthurstoffes, Köln/Opladen 1958, S. 20.

133 Zu den kulturellen Kontakten zwischen Sizilien und den Normannen in Frankreich und England und insb. zur Artussage in Italien: GASTON PARIS, La Sicile dans la littérature française du moyen-âge, R 5 (1876), S. 108–113, insb. S. 110; GARDNER; DE STEFANO (s. Anm. 47), S. 53 ff., vgl. auch FRANCESCO RIBEZZO, Lecce, Brindisi, Otranto nel ciclo creativo dell'epopea normanna e nella Chanson de Roland, Archivio Storico Pugliese 5 (1952), S. 192–215. Zu den persönlichen Beziehungen:

CHARLES H. HASKINS, England and Sicily in the Twelfth Century, The Engl. Hist. Review 26 (1911), S. 433–447, 641–665, insb. S. 435 ff.

134 FLETCHER (s. Anm. 46), S. 188; GARDNER, S. 12 f. Der älteste Beleg findet sich bei Gervasius von Tilbury, der im Dienst Wilhelms II. von Sizilien stand. BIRKHAN, der – S. 82 – seine negative Interpretation des Königs auf den Bock gegen meine Auffassung verteidigt, stützt sich dabei vor allem auf die Sage von Artus im Ätna. Dieses Argument ist jedoch insofern nicht stichhaltig, als es sich um ein paradiesisches Jenseits, nicht um einen Höllenort handelt.

135 Siehe oben S. 23 mit Anm. 25.

136 Materialien zur geistlichen Symbolik der Eberjagd bei HEINRICH BECK, Das Ebersignum im Germanischen. Ein Beitrag zur germanischen Tier-Symbolik, Berlin 1965, S. 154 ff., und bei UTE SCHWAB, Eber, Aper und Porcus in Notkers des Deutschen Rhetorik, Annali dell'Istituto Orientale di Napoli, Sezione Linguistica, 9 (1970), S. 109–245, insb. S. 234 ff.

137 DRUCE (s. Anm. 63), S. 4 ff.; SBORDONE (s. Anm. 63), Kap. 43, S. 128.

138 Die pfeilschießende Diana kann in christlicher Interpretation geradezu die Stelle des Sagittarius einnehmen, vgl. BAYET (s. Anm. 67), S. 42.

139 CHASTEL (s. Anm. 73), S. 100, LCI 4 (1972), Sp. 1–3.

140 TOBLER/LOMMATZSCH, Altfranz. Wörterb. 4 (1960), Sp. 664; WALTHER v. WARTBURG, Franz. Etymol. Wörterb. 4 (1952), Sp. 212 a sagt: *grifon* sei wohl von *griu* = ›griechisch‹ aus zu verstehen. KURT BALDINGER teilte auf Anfrage mit, daß er dabei einen Einfluß der Familie von *gryphus* für höchst wahrscheinlich halte, darauf deute auch der pejorative Sinn mancher Belege.

141 Siehe zu dieser Sage die Literatur bei ALBERT WAAG/WERNER SCHRÖDER, Kleinere deutsche Gedichte des 11. und 12. Jahrhunderts, Altdeutsche Textbibl. 71/72, Tübingen 1972, I, S. 44. – Auf dem Fußbodenmosaik von Trani sind Salomon und der Drache unmittelbar nebeneinander gestellt worden: BERTAUX, S. 492.

ABKÜRZUNGEN

BIStI   Bulletino del' Istituto Storico Italiano per il Medio Evo e Archivio
Muratoriano

CA   Cahiers archéologiques

LCI   Lexikon der christlichen Ikonographie

LThK   Lexikon für Theologie und Kirche

PW   Pauly-Wissowa, Realencyclopädie der classischen Altertumswis-
senschaft

R   Romania

RA   Revue archéologique

RAC   Reallexikon für Antike und Christentum

RDK   Reallexikon zur deutschen Kunstgeschichte

Spec.   Speculum

ZfdA   Zeitschrift für deutsches Altertum und deutsche Literatur

BIBLIOGRAPHIE

Es sind im folgenden alle mir bekannt gewordenen Monographien und Zeitschriftenaufsätze verzeichnet, die sich mehr als beiläufig mit dem Mosaik von Otranto oder einzelner seiner Motive befassen. Grundsätzlich ausgenommen wurden jedoch die zahlreichen Arbeiten, die im Zusammenhang der Greifenfahrt Alexanders des Großen auf das entsprechende Motiv in Otranto eingehen; die einschlägigen Titel sind in der unten aufgeführten Studie von CHIARA SETTIS FRUGONI, Historia Alexandri Magni, zu finden.

ANTONACI, Antonio, Hydruntum (Otranto). Studi sulla Civiltà Salentina I, Galatina 1954 (S. 125).

DERS., Otranto. Testi e Monumenti, Studi sulla Civiltà Salentina II, Galatina 1955 (S. 149–160).

BERTAUX, Emile, L'art dans L'Italie Meridionale I, Paris 1904 (S. 488–492).

BIRKHAN, Helmut, Altgermanistische Miszellen »aus funfzehen Zettelkästen gezogen«,15. Rex Arturus in der Kathedrale von Otranto, in: Festg. Otto Höfler, Wien 1976, S. 62–66, 80–82.

BLANCHET, Adrien, La mosaïque, Paris 1928 (S. 206, 209, 214f.).

BORST, Arno, Der Turmbau von Babel IV, Stuttgart 1959 (S. 2087f.).

EINHORN, Jürgen W., Spiritalis unicornis. Das Einhorn als Bedeutungsträger in Literatur und Kunst des Mittelalters, München 1976 (S. 74f., 99, 384: Nr. 441, 404: Nr. 539; Abb. 131.

FINSLER, Hans, Das Mosaik des Pantaleone in Otranto, du/atlantis 25. Jg. Okt. 1965, S. 751–769.

GABELENTZ, Hans von der, Mittelalterliche Plastik in Venedig, Leipzig 1903 (S. 120, 127, 172, 177ff.).

GARDNER, Edmund G., The Arthurian Legend in Italian Literature, London/New York 1930 (S. 11f.).

GARUFI, C. A., Il pavimento a mosaico della Cattedrale d'Otranto, Studi Medievali 2 (1906–1907), S. 505–514.

GIANFREDA, Grazio, Il mosaico pavimentale della Basilica Cattedrale di Otranto, Milano 1962, ²1965, ³1970; ich zitiere nach der vierten, erweiterten Auflage: Basilica Cattedrale di Otranto: Architettura e mosaico pavimentale, Galatina 1975.

DERS., Il mosaico pavimentale della Cattedrale di Otranto, Fede e arte 11 (1963), S. 386–393.

DERS., Suggestioni e analogie tra il mosaico pavimentale della Basilica Cattedrale di Otranto e la Divina Commedia, Galatina 1964, ³1974.

DERS., Mosaico di Otranto. Civiltà senza frontiere, Galatina ²1974.

DERS., La Cattedrale di Otranto... Guida..., Galatina 1975.

GIGLI, Giuseppe, Il Tallone d'Italia, II. Gallipoli, Otranto e Dintorni, Bergamo 1912 (S. 96–100, 102).

HAUG, Walter, Artussage und Heilsgeschichte. Zum Programm des Fußbodenmosaiks von Otranto, Deutsche Vierteljahrsschrift für Literaturwissenschaft und Geistesgeschichte 49 (1975), S. 577–606.

HOLMES, Urban T./KLENKE, M. Amelia, Chrétien, Troyes, and the Grail, Chapel Hill 1959 (S. 135, 140–145).

KIER, Hiltrud, Der mittelalterliche Schmuckfußboden unter besonderer Berücksichtigung des Rheinlandes, Düsseldorf 1970 (S. 47, Tabelle 54 ff.).

KRETZENBACHER, Leopold, Die Seelenwaage. Zur religiösen Idee vom Jenseitsgericht auf der Schicksalswaage in Hochreligion, Bildkunst und Volksglaube, Klagenfurt 1958 (S. 76).

LEJEUNE, Rita/STIENNON, Jacques, La légende de Roland dans l'art du Moyen Age, Brüssel ²1967; deutsch: Die Rolandsage in der mittelalterlichen Kunst, Brüssel 1966 (S. 101, 104 f., deutsch: S. 113, 116 f.).

LEJEUNE, Rita, La légende du roi Arthur dans l'iconographie religieuse médiévale, Archeologia 14 (1967), S. 51–55 (S. 55).

Loomis, Roger Sherman/Hibbard Loomis, Laura, Arthurian Legends in Medieval Art, London/New York 1938 (S. 36).

Loomis, Roger Sherman, King Arthur and the Antipodes, Modern Philology 38 (1940/41), S. 289–304 (S. 300–302).

Lucrezi, Bruno, Iconografia pre-Dantesca nel mosaico pavimentale della cattedrale di Otranto, in: Atti del Congresso Nazionale di Studi Danteschi II, Florenz 1965, S. 231–239.

Marle, Raimond van, The Development of the Italian Schools of Painting, I, The Hague 1923 (S. 228).

Maroccia, Luigi, La cattedrale di Otranto, Maglie 1912.

Ders., Il Mosaico della Cattedrale di Otranto nei suoi simboli ed allegorie, Sonderabdr. aus: Il Salento 5, Lecce 1931, S. 1–17.

Melani, Alfredo, Pavimenti artistici d'Italia, Emporium 23 (1906), S. 428–447 (S. 438)

Millin, A., Magasin encyclopédique 2 (1814), S. 51 f.

Müntz, Eugen, Notes sur les mosaiques chrétiennes de l'Italie, RA NS 32 (1876), S. 400–413; 33 (1877), S. 32–46 (S. 410, 412, S. 35, 41).

Ohly, Friedrich, Die Kathedrale als Zeitenraum. Zum Dom von Siena, Frühmittelalterliche Studien 6 (1972) S. 94–158 = Schriften zur mittelalterlichen Bedeutungsforschung, Darmstadt 1977, S. 171–273 (S. 223 f.).

Pagenstecher, Rudolf, Apulien, Leipzig 1914 (S. 178 f.).

Pertrucci, Alfredo, Cattedrali di Puglia, Roma ²1964 (S. 98, Abb. 216–218).

Prandi, Adriano, Pitture inedite di Casaranello, Revista dell' Istituto Nazionale d'Archeologia e Storia dell' Arte NS 10 (1961), S. 227–292 (S. 262–264).

Ders., Il Salento provincia dell'arte bizantina, in: Atti del convegno internazionale sul tema: L'oriente cristiano nella storia della civiltà, Roma 1964, S. 671–711 (S. 681–683).

Scanlan, Mary Honora, The Legend of Arthur's Survival, Diss. Columbia University, New York 1950 [Masch.] (S. 172).

Schulte, Alice, Das Mosaik von Otranto und ein Vergleich mit dem

125

Mosaik von Teurnia, in: Küppers-Sonnenberg, Gustav A. / Haiden, Wilhelm / Schulte, Alice, Flecht- und Knotenornamentik. Mosaiken (Teurnia und Otranto). Beiträge zur Symbolforschung, Aus Forschung und Kunst 16, Klagenfurt 1972, S. 155–227, S. 232 f.

Schulz, Heinrich Wilhelm, Denkmäler der Kunst des Mittelalters in Unteritalien I, Dresden 1860 (S. 261–267).

Settis Frugoni, Chiara, Per una lettura del mosaico pavimentale della cattedrale di Otranto, BIStI 80 (1968), S. 213–256.

Dies., Il mosaico di Otranto: modelli culturali e scelte iconografiche, BIStI 82 (1970), S. 243–270.

Dies., La mala pianta, in: Storiografia e storia, Studi in onore di Eugenio Duprè Theseider, Roma 1974.

Dies., Historia Alexandri elevati per griphos ad aerem. Origine, Iconografia e fortuna di un tema, Istituto Storico Italiano Per Il Medio Evo, Studi Storici, Roma 1973.

Skutsch, Karl Ludwig, Libramen aequum. Eine Untersuchung über die Entwicklung des Wägungsgedankens von der Antike bis ins christliche Mittelalter, Die Antike 12 (1936), S. 49–64 (S. 60–62).

Stanonik, Janez, Rex Arturus iz Katedrale v Otrantu, Slovenski etnograf 15 (1962), S. 199–202, engl. Zusammenfassung S. 203 f.

Steinen, Wolfram von den, Homo Caelestis. Das Wort der Kunst im Mittelalter, Bern/München 1965 (I, S. 204–206; II. Falttafel III).

Stiennon, Jacques/Lejeune, Rita, La légende arthurienne dans la sculpture de la cathédrale de Modène, Cahiers de Civilisation Médiévale 6 (1963), S. 281–296 (S. 294).

Webster, James Carson, The Labors of the Months in Antique and Mediaeval Art to the Twelfth Century, Evanston/Chicago 1938, Nachdr. New York 1970 (S. 144: Nr. 36 u. Tab. S. 175 f.).

Willemsen, Carl A., Apulien. Land der Normannen, Land der Staufer,

126

Leipzig 1944, Neuausgabe: WILLEMSEN, C.A./
ODENTHAL, Dagmar, Köln 1958.

DERS.,   Apulien. Kathedralen und Kastelle – Ein Kunstführer
durch das normannisch-staufische Apulien, Köln
1971 (S. 197–200, Abb. 110).

MOTIVREGISTER

128

AUTORENREGISTER

Abert, H. A. 124
Adolf, H. A. 87
Allen, C. A. 28, A. 122
Antonaci, A. A. 4, 123
Auerbach, E. A. 111
Baltrušaitis, J. A. 19
Bandmann, G. A. 124
Bayet, J. A. 67, A. 138
Beck, H. A. 136
Bertaux, E. 8, A. 2, A. 35, A. 37,
  A. 141, 123
Birkhan, H. A. 52, A. 134, 123
Blanchet, A. A. 4, 123
Blankenburg, W. v. A. 26, A. 78,
  A. 83
Boblitz, H. A. 30
Borst, A. A. 20, A. 31, 123
Botte, B. A. 80
Braet, H. A. 126
Bréhier, L. A. 116
Budge, E. A. W. A. 74
Caplan, H. A. 114
Cary, G. A. 26
Chalandon, F. A. 11, A. 13
Chastel, A. A. 73, A. 77, A. 139
Cramer, Th. A. 107
Crozet, R. A. 17
Cumont, F. A. 94
Debidour, V.-H. A. 27, A. 86,
  A. 93, A. 113
Deér, J. A. 12

Diehl, Ch. A. 20
Druce, G. C. A. 63, A. 137
Duval, Y.-M. A. 90
Ehrenstein, Th. A. 77, A. 90, A. 93,
  A. 106
Einhorn, J. W. 43, A. 69, A. 71, 123
Emerson, O. F. A. 128
Faral, E. A. 78
Fink, J. A. 28
Finsler, H. 123
Fischbach, F. A. 19
Fletcher, R. H. A. 46, A. 134
Freymond, E. A. 41, A. 43–45,
  A. 48 f.
Gabelentz, H. v. d. A. 19, A. 32, 123
Gardner, E. G. A. 133 f., 123
Garufi, C. A. 8, A. 3, 124
Gianfreda, G. 8, A. 5, A. 18, A. 35,
  A. 37, A. 59, A. 68, A. 96, 124
Gigli, G. 124
Ginzberg, L. A. 31, A. 122, A. 130
Gleixner, H. J. A. 25
Goppelt, L. A. 111
Griffiths, M. E. A. 58
Grotefend, H. A. 9
Haiden, A. A. 85, 126
Haskins, Ch. H. A. 133
Hauck, K. A. 56
Haug, W. A. 110, 124
Hennecke, E./Schneemelcher, W.
  A. 98

ABBILDUNGSVERZEICHNIS

135

Abb. 1

Abb. 2

Abb. 3

Abb. 4

Abb. 5

Abb. 6/7 ▷

Abb. 8

Abb. 9

Abb. 10/11

Abb. 12/13

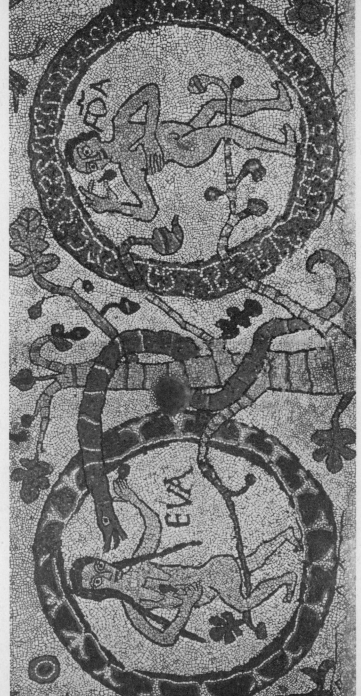

Abb. 14

Abb. 15

Abb. 16

Abb. 17

Abb. 20

Abb. 21

Abb. 22

INFERИVS SA_TAN_AS

Abb. 23

Abb. 24